家族歷史與心理治療

（第四版）

從家庭重塑到內在家庭系統（IFS）
—內外兼修的心理成長

王行、鄭玉英 著

作者簡介

王行

輔仁大學心理學博士

美國威斯康辛州立大學輔導學碩士

擅長家庭重塑、心理演劇

曾任東吳大學社會工作學系教授

著有《心靈舞台：心理劇的本土經驗》（合著）、《親職暴力處遇：介入與省思》（合著）、《暴力與非自願性案主的輔導》、《修身與齊家：以儒家心學為助人知識的家族治療》等

鄭玉英

台灣師範大學心理輔導博士

擅長家庭重塑、婚姻輔導、創傷療癒

曾創辦返璞歸真心理工作室

目前為懷仁全人發展中心諮商心理師

著有《走過痛苦》、《心靈舞台：心理劇的本土經驗》（合著）等

譯有《家庭會傷人：自我重生的新契機》、《家庭祕密：重返家園的新契機》、《伴侶療傷：從傷之舞到關係重建之舞》、《為孩子的獨特喝采：陪伴孩子走出自己的路》（以上皆合譯）等

第四版序

收到心理出版社邀請我為王行修訂本書,預備出第四版,我的腦海中出現許多與王行合作的場景;憶起他的音容言談;想起在中國心理治療學會頒給他終身成就獎的典禮中,我曾以十二分鐘的時間述說他的專業成就,還有在他臨終床邊,邀他與我合寫《午夜冥思》一書序文時,他的慨然點頭。眼見鏡中鬢邊白髮,我不敢仔細翻查年限,只知輕舟已過萬重山。於是,我給出版社回答了四個字:「義不容辭。」

對第三版的封面,我感覺依依不捨。在那封面的幾幀照片中,彷彿看到年輕時與同伴渡海來台的王媽媽、傳說中的王奶奶、王行他們弟兄倆的英挺面貌,還有已經長大成人的兒子小魚。王行的家族繼續在傳承,就像你我的家一樣。這本書一定要有一個第四版,才能夠讓第三版中已經蘊藏潛在、卻來不及充分表達的部分浮現。

前三版是以家庭重塑為主幹,回顧原生家庭的人際互動,在環境脈絡中鑑往知來。第四版增添了往內整合的內在家庭系統(internal family system [IFS]),兩者相映成趣,形成內外兼修的系統取向心理治療。

懷著共同的系統思維,人際取向的家庭重塑與人內取向的 IFS 結合,形成一套天衣無縫的工作模式,稱之為「內外兼修」是十分貴切的。我在編織過程中非常快樂滿足。

然而,當我整理到王行跟我合作家庭重塑的團體工作時,重溫了我們共創的團體特色;那些我幾乎已經忘掉的細節安排,在我的記憶和心情翻攪中,歌劇《悲慘世界》(*Les Miserables*)

裡面「空桌空椅」（*Empty Chairs at Empty Table*）這首歌的旋律開始在耳邊迴響：我的朋友，我的朋友，何以我還活著，你卻逝去？只留角落空桌椅，那曾是我們高談革命的地方，我的朋友，我的朋友，何以你不再歌唱……

王行小我十歲，是我專業工作的良師益友。我們同行十二年左右，跟他一起工作的感覺就是合拍、互補、充滿共同創作的靈感。在返璞歸真心理工作室期間，除了無數場次的家庭重塑工作坊和心理劇團體，我們還共同創作了「系統取向個別諮商」的架構和步驟技巧，並且多次開辦訓練課程。那些年，我們也大膽進行心理劇團體的專業訓練，南征北討，教學相長。

在五天四夜的家庭重塑工作坊結束前的最後一個下午，要用什麼活動收場結尾呢？最先我們採納薩提爾模式，結束在一致溝通，也曾結束在規則轉化；但最後，王行發明了一套打撲克牌遊戲：在影響輪中發現許多面貌小我，再製作成一副手中的撲克牌，並設計特別打法。藉以察覺和表達自己對那些透過原生家庭形成的部分小我之運用和珍惜。那個時候 IFS 在台灣尚不盛行，然而我們曾經參與期間的華明心理輔導中心（懷仁全人發展中心前身）推出的自我整合團體，所持羅貝托・阿薩吉歐力（Roberto Assagioli, 1888-1974）的綜合心理學（psychosynthesis）早已經具有 IFS 的雛形。我說兩者之間內外兼修、無縫接軌，絕不誇張。

記得王行曾經跟我說，他第一篇文章在學刊上發表時，他小心翼翼放到王伯伯的案頭，同時側目等待，看父親何時翻閱、會有怎樣表情。

今日，在我給出版社交稿之際，我想像著已經進入永生的王行，看到我對他的書所作的小小修改和大幅增添，會有怎麼樣的反應？我彷彿看到他點頭微笑著說：「好。」

鄭玉英
寫於 2025 年春

第三版序

用華人的心眼來看華人的家庭故事

　　1987 年夏天，在美國科羅拉多州 Crested Butte 小鎮上與維琴尼亞‧薩提爾（Virginia Satir, 1916-1988）的會晤，至今仍十分難忘。在我的心中，Crested Butte 山峰的峻峭秀麗永遠難忘。仍然記得第一次看到家庭雕塑的震撼，看到不同國家種族的人在薩提爾的魅力之下，有了共通的語言與共鳴，當真感受到跨文化的人類通性。然而，我清楚知道我與他們並不共有同樣的歷史。

　　他們知道 1950 年我國的「內戰」，但他們不知道相隔小小海峽，兩岸無法與親人聯繫的感覺，不知道如同《那一夜，我們說相聲》當中所描述的台灣難民營，來自大陸各省分、同文同種卻語言不通的人民聚集在小小島上，是個什麼光景。他們也不能理解電影《大紅燈籠高高掛》的一夫多妻制度裡，每一房的後代子孫有怎樣的影響，在一個重男輕女家庭裡，姐姐送出去做養女之後，妹妹的心情與恐懼不安又如何。他們更不知道經過日本統治五十年，台灣重回祖國懷抱之後，對日本與國民政府各有怎樣的複雜心情。他們怎能了解受白色恐怖迫害甚或死亡的人，他們的後代如何適應新的政權。誰又能想像推行國語期間，說自己母語台灣話要受老師處罰的孩子心中的困惑。五十年後，兩岸通了，父母返家，兩岸的重複婚姻是時代悲劇的後果，每一個家庭卻又如何咀嚼這些故事？也許每一個民族都有許多外人無法完全理解的經驗吧！

　　記得有一個下午，薩提爾大踏著步子領著我們九十名學員外

出,一人手中抓著一個大氣球,準備要去施放。她要我們每個人寫個小紙條繫於氣球下方,我毫不猶豫寫下了自己的夢想:「為我的國人作家庭重塑。」到一片寬闊的草地上,大家一齊放了手,看著一大堆色彩繽紛的氣球冉冉上升,那一個下午,天特別蔚藍清朗,直到所有氣球消失在視線之外,包括我的小小夢想與承諾。

我的立志存在心底,薩提爾引導冥想的渾厚聲音猶在耳邊,這樣一份使命感、一份深情、一份美感,陪伴了我許多工作時日。如今,社會好多變遷,專業領域好多變化。1988 年,薩提爾去世了,她的弟子約翰・貝曼(John Banmen, 1935-)和瑪莉亞・葛莫利(Maria Gomori, 1920-2021)持續來台,繼續其志,貢獻許多,也對台灣的心理成長界影響甚大。國內人才輩出,有關的書籍陸續有中文譯本問世,薩提爾模式儼然是當今台灣心理治療的主流之一。

在後現代的潮流裡提倡反思,但對於家庭重塑,是否也有其反思的空間?反思是能夠跳出來重新看看、想想,不要井中觀天而能換一個框架,放寬視角。其實,那也正是重塑的精神。家庭重塑邀請我們用長大的眼光重看自己生長於其間的家,這會兒卻是邀請讀者用另一個眼光重看一次家庭重塑。邀請讀者拿出中國人或台灣人的心眼,重看這一項由西方引進的理論與成長原理。《家庭歷史與心理治療》這書的第三版中,包含了文化的回顧,以及專家姿態的省思。

王行一向勇於挑戰,甘冒大不諱,向主流心理成長和治療的

理論提出質疑，我不得不為他的勇氣喝采。多年來，我與王行一起工作，一路上我們討論過許多，我們都不認為這本書裡面的思想成熟周詳，卻欣喜於一個爭議討論的開始。

翻箱倒櫃找出我曾收到薩提爾給我寫的一封回信，當時她正在飛往俄羅斯工作的旅途中，在信上說她相信人類所有的問題都來自於人的低自我價值感，她斬釘截鐵地將自我價值的影響視之為一個廣泛的普同性現象。當時，我對這個遙遠而陌生的民族所知甚少，卻相當肯定薩提爾所持信念，多年來未曾懷疑過。一個穩定的信念給人立足點和方向，也讓人有朝此方向發展的力量，然而這些普同性的信念是否也值得反思？難道也有例外？

成為一派宗師當然要有她的明確信念。但是，當如此普同性的理念成為一個模式，在長久的歲月和不同的地區代代相傳，收錄到每一個文化當中的時候，有沒有調整的需要和修正的空間？會不會顯得狹隘或成為一種宰制式的意識型態呢？這正是值得邁入成熟階段的我們三思。其實，所有助人領域的理論模式經過相當時日都應該加以回顧反思，才是一種專業負責的態度。

我一直相信人性裡有些東西是跨文化的，也有些事物習俗是文化特有的，更有一些是個別差異的或性別差異的。王行指出薩提爾的基本假設與本土草根性之間的差異，就十分耐人尋味。

在我和王行的工作坊裡，有許多華人的家庭故事上演，拓展了我對家與人的認識，也藉家庭重塑展現了地域性的故事史實，應該說家庭重塑打開了我的眼界，才知道華人的家庭如此多元而又如此類似，也才看得出家庭與社會、歷史如此息息相關，工作

者眞需要有巨視的眼光，以及文化性的角度才敷運用。

本土家庭裡有許多值得珍惜之處，在重視多元文化的今日，不把文化特色當病態乃一基本原則。當事人的一些因應方式可能由治療觀點來看是不健康有待改變的，卻可能也在其間呈現出來某種文化性的美感或韌性。

因而，我們學到不以單一價值看待當事人的故事，承認我們工作者也有困惑與不確定，反倒讓出了一個寬裕的討論空間。孝女自我犧牲的抉擇、老兵沉默不作表達、無我到底的母親、不顧妻子哀怨的長子、為弟妹無怨無悔付出的兄姐，倘若我們不把這些個人風範與家庭倫理當成病態的依附關係，就更能陪著當事者看到自身與其家庭的美麗，而有另外一份超越性的寬慰。

文化有其俗化與高雅，交談的品質每個人的堅持不同，在自我認識與家庭探索上有知與不知的選擇，這些都是值得尊重的。

在家庭重塑裡，詮釋權理應交給當事人，但是當探索者站在團體面前，面對治療者的專業權威時，仍然很難不受到治療者的價值判斷所影響，語言高明精緻的治療者豈能不察覺自己擁有的權力？當反思的習慣已在體內醞釀，所謂「抗拒案主」也會再度贏得我們的尊敬與好奇。

當家庭重塑的工作者能增加文化認同的因子和專家的自省，便更能將重塑的精神真正實現，放下落入專業霸權的可能性，尊重文化特色，協助案主自我欣賞。

鄭玉英

寫於 2002 年

目次

第一部分　心理困擾與改變歷程 1

◆ **1. 行為的脈絡與改變的抗拒** 3
　行為與脈絡 4
　改變與抗拒 5

◆ **2. 壓力因應模式與轉化式改變** 7
　第二序改變 8
　改變的相關要件 10
　轉化式的改變 12
　利弊兼具 21
　人際溝通的三個項目 23
　跟不同典型的溝通者來往 24
　更多元的壓力因應反思 26

第二部分　系統思維 29
　什麼是系統？ 30

◆ **3. 家庭是一個系統** 31
　兩人互動 32
　三人互動 33
　核心家庭是一個情緒單位 34

代間傳承些什麼？ 35
　　家庭會傷人 36
　　家庭結構 36
　　家庭動力與家庭舞蹈 38

◆ **4. 人也是一個系統** 43
　　系統思維下的人觀 43
　　自我的特質 44
　　小我的分類 45
　　以系統思維認識人的內在動力 47
　　都是系統惹的禍 49
　　忠誠的察覺內外皆有 50
　　從自我到真我的靈性 51

第三部分　系統思維中的心理治療 55

◆ **5. 家庭重塑** 57
　　家庭重塑是什麼？ 57
　　家庭重塑的方法 71
　　家庭經驗的資料蒐集 74
　　一場大團體中的心理治療：重塑之旅 87
　　進入歷史的洪流 94
　　回到童年的家 116

家庭重塑的理念及原則.. 143

◆ **6. 內在家庭系統（IFS）**... 149
　　IFS 的心理工作... 149

◆ **7. 家庭重塑與 IFS 的異同**... 155
　　家庭重塑與 IFS 相似之處... 156
　　家庭重塑與 IFS 的差異... 157

◆ **8. 內外兼修的系統工作**... 165
　　內外兼修心理工作的進行... 166
　　系統工作能不能自助進行？... 168

（第四部分）實務工作者的溯與塑..................... 171

◆ **9. 再塑「家庭重塑」**... 173
　　家庭重塑在台灣... 173
　　重塑台灣的家庭... 174
　　從傳統的黏結到現代的分化... 175
　　從隱忍文化到一致性的學習... 176

◆ **10. 虛擬「台灣家庭重塑」**... 179
　　父親的鄉愁... 180

xiii

走出貧窮 188
永遠的母親 196
在台灣歷史中做「家庭重塑」................................... 209

◆ **11. 實務工作者的反思** 215
消退的智慧：還是要從「脈絡」談起 215
心理治療專家的胡同 217
跨文化與多元文化 218
普同性與多元性 221
治療觀與審美觀 225

（結語） 從薩依德對心理治療的反思 229
心理專家的毛病：斷章取義症候群 229
心理治療的中古價值 230

第四版結語 235
跋 236

第一部分

心理困擾與改變歷程

1 行為的脈絡與改變的抗拒

不論是社會工作或心理治療，大體上皆是希望透過專業性的輔導關係，給一個在生活上適應困難、或發展上遇到障礙的個體帶來建設性的改變。有經驗的工作者都有相同的認知：「改變」不是簡單的過程，而「困難」與「障礙」更像是一堆凌亂的線團，複雜而奧秘，剪不斷理還亂……。

一位常常「不開心」的大學生，親人和朋友一致認為，她的問題只是「想不開」、「愛鑽牛角尖」、「悲觀主義」，因而常常勸她「看開一點！」「事情沒那麼嚴重！」「妳應該出去走走！」「跟妳弟弟學學，瞧瞧他過得多開心！」然而，這個女孩卻愈來愈不開心，因為她更感到孤單和沒有人理解她。透過輔導的歷程，她的「不開心」像是洋蔥般，一層層地被攤開，反映出她的整個生命經驗：人際關係的匱乏、生活範圍的侷促、習慣性的負面思考模式、嚴厲的自責、誇大的自我期許、從小被忽略的童年、自怨自艾的媽媽、不負責任的爸爸、心中從未表達的憤怒與渴望、過分的犧牲來換取被愛等等。背著這些沉重的包袱，走了二十年，「不開心」已經成為她生活中習慣的基調。她因為

「不開心」而與人疏離，但也因「不開心」而被人關懷；「不開心」啃蝕她大半青春年華，但「不開心」也成為避風港，免去許多冒險犯難的機會。這個「不開心」像是她多年的老友，絕不會因為聽到一些生活哲理就輕易地離開她，因而「改變」對她來說，不會是件輕易的事。

 行為與脈絡

　　人的行為、思考及感受的發生，無論他人看來是多麼荒誕不合理，但對當事人來說，一定是其來有自地符合個人的「脈絡」。所謂脈絡，指的是過去經驗的背景與現有環境的影響。成為一個大學老師有其脈絡，嫁給一位木訥的老公有其脈絡。它們不單只是道德與否、或能力有無所能簡單歸因、亦無法化解成緣分或運氣可以解釋。事實上，這些人生重大事件，都是一連串過去和現在的因子互動而成。

　　小莉三度捲入三角戀愛，而兩次都扮演婚姻外的第三者，這個角色使她吃盡了苦，委屈無處訴。旁人都以異樣的眼光質疑她的道德與品格，認為她是自找苦吃、自甘墮落；她亦自責於本身的情不自禁，厭棄每次的不可自拔。才三十出頭，卻被情海所折磨，像是歷經滄桑。算命的說她在情感上註定是偏房，這倒使她認了命，繼續沉浮於矛盾與失望的邊緣。但是，在每週一次的心理治療中，她卻對自己的行為脈絡有了重大發現：從小她就是父親最寵愛的小公主，爸爸常常帶著她去散步、去外地開會。隱約中，小小的心靈也可感受到母親的感受，她對母親雖然有些抱歉，但卻沒有太多的同情，因為她覺得真正委屈的是爸爸。媽媽

的無知、嘮叨、不解情趣，正是令她的男人失望的地方，而善解人意的小公主，正可以安慰這顆孤寂的心。直到父親有了真正的外遇，小公主的心碎了……。一個感情豐富的男人與一個平淡的女人生活在一起，而後遇到一位善解人意的小公主，像是部不斷重播的老舊電影。某種事業成功、但情感寂寞的男子，對小莉成了致命的吸引力。好像是在重溫舊愛，亦是在彌補遺憾，但她始終無法讓一個男人留在她身邊。

改變與抗拒

人的行為被脈絡所牽絆著，不管合理與否。直到有一天，負面代價愈來愈多，身心愈來愈苦，才開始產生了改變的意願，希望能從過去的陰影與現在的困厄中掙脫出來。作為一個治療者，可以看到案主的改變動機，常常與遭遇的苦難成正比。苦難對人生來說真是位嚴厲的導師，使人自覺，也教人謙卑。

從痛苦的引發到對脈絡的了解，點燃了改變的心意，但是當準備要步上改變之途，仍有許多困難。常有案主在會談內，滿懷信心地願意重整自己的步伐，但到了現實環境裡，卻發現改變的阻力還真大。這些阻力有來自外在的，也有自己內在產生的排斥，我們把這個現象稱之為「抗拒」。改變與抗拒像是同胞手足，並且常常一起出現。

一位媽媽上成長課程，努力學習新的親子相處之道，這些方法大致都是在強調表達愛意與讚美，然而孩子們給她的回饋卻是：「好肉麻喔！媽媽愈來愈奇怪了。」孩子們不是不需要，更不是不喜歡，只是不習慣，但這些反應卻令脆弱的媽媽洩了氣。

一位女孩面臨失戀的痛苦，有時候她知道自己不必再用低下的姿態，來求取男孩回到身邊，因為每一次男孩的回頭，帶給她的只是更多的羞辱與不安。但是另外一些時候，她卻忍受不了心中空洞的啃蝕，停不住地去想他、猜他、接近他。對她來說，她真的很想改變，學習用堅強的心來照顧與愛護自己。然而，每當在獨處時，似乎最難面對與接近的，還是自己。

　　任何一個新行為進入系統時，都會帶來系統上的失衡或混亂（這裡所談的系統可以是一個組織、一個社區、一個家庭或一個人），而引發系統的反彈；舊的行為雖然造成一些困難，然而畢竟符合系統的脈絡。新的行為也許更適合當事人的需要，卻無法與脈絡整合。就像外科移植手術往往會發生排斥的現象，成為成敗與否的關鍵；同樣的，在心理治療的過程中，如何考量脈絡、處理抗拒，是常常要去思考的主題。

壓力因應模式與轉化式改變

　　「問題本身不是問題,如何面對問題才是問題」是家族治療大師薩提爾的名言。「改變」的工作重點,往往不是在當事人所面臨的難題,而是在當事人面臨難題時的反應。

　　生命中有許許多多的難關,像是理想的幻滅、分離的哀傷、失敗的挫折等,都如同日月星辰般地存在於人生的旅途中,任何一個人都無法豁免於這些苦澀的襲擊。人用種種的方式來躲避人世間存在的痛苦,反而製造更多心靈上的問題。有人因為不願承受失敗的打擊,而活在幻想的世界,不斷提出偉大的方案與計畫,卻從不著手執行。有人因為不敢面對失戀的痛苦,而竭盡其力想要挽回一份無望的愛。有人因為害怕空虛的啃蝕,而用過度的酒、性、藥物,甚至於工作來麻醉自己的感覺。受虐兒童無法承受父母有錯的事實,而塑造出一個「假我」,在成長後,無法與他人產生親密與信任。

　　其實,讓我們一再受傷與挫敗的,往往不是外在的壓力,而是我們處於壓力之下的因應之道。這些因應之道,可能早就在我們兒時,毫不設防的情境下,漸漸地輸入記憶中,像是設定好的

程式,在某些感受相似的情境中,就會自動化地顯現出來。在早期的時候,這些因應之道不一定是不好的,相反的,它們往往是我們在當時所以能夠度過困難的重要生存法則。然而,當事過境遷,我們再用以前的方式來面對當前的壓力時,就會引發一些不適應的徵狀。

小周生長在一個資源相當有限的家庭中,七個兄弟姐妹要得到父母的特別關愛,可不是太容易的事,但小周卻以優異的成績及處處勝人一籌的才藝,脫穎而出,受到父母的重視,並且也成為日後事業發展的良好根基。然而,在他四十歲的人生中,處處爭第一的個性卻使他受了不少苦,不但給自己強大的壓力,並且也讓旁人害怕與他共事。但是對於小周來說,當他看到有人比他做的更好,得到權威更多的欣賞時,像任何人一樣,都會形成自己心中的壓力,而小周的主要因應之道就是與之競爭並得勝。

第二序改變

改變,從來不是一件容易的事情。任何一個小小的習慣,要改變都不容易。

至於要改變什麼?系統取向思維下所希望的改變,不只是一個點,而希望是一個面,至少也是一個線的改變。為什麼呢?系統觀相信牽一髮動全身,每一個部分都與其他的部分以及與整體之間息息相關。

系統思維的工作推崇第二序改變(second order change),而非只是一個單一行為改變的第一序改變(first order change),第二序改變才會持久。我們都知道沒有配套措施的改變,常常像

壓力因應模式與轉化式改變　2

是沒有根,一陣風吹過去就又變回原狀。因此,期盼有一個行為改變,往往需要有整體的調整和系統性的牽動,再加上系統思維看出問題的來龍去脈,以系統化的視框,而不只是過分簡化的一個因果關係。

舉例而言,爸爸說:「兒子這麼懶惰,都不幫忙做家事,是被媽媽慣壞的。」但問題不會只是這麼簡單的一個因果。也許這孩子也曾經做過家事,只是媽媽標準太高,嫌他做得不夠道地,孩子只好放棄。而常聽爸爸說「都是媽媽慣壞的」這樣的酸語,在孩子耳中、心中,也可能更讓他對做家事有反感。再加上姐姐是個勤勞又討好的女孩,常快手快腳把事情做完,她的勤快可能也是希望少聽到一點父母親的口角。這個動態系統哪裡只是「媽媽慣壞的」五個字可以說明的呢?

因此,一個家人的改變可能需要配套措施,甚至全家人都需要有些調整。1960 年以後,心理治療領域開展的家族治療,就是建立在這樣的思維之上。為了一個孩子,全家庭動員來諮商!甚至把孩子的症狀視為家庭動力的一環。這樣的視角和工作方式帶來了心理治療的新典範,也的確有其效果。

除此之外,第二序改變還包括在認知層面上有新的觀點、賦予新的意義。那往往也是襯托著行為前後的脈絡,而產生不同視角,例如:看出一位常給自己威脅的同學,其實是因為過去所經歷的災禍和眼前處境而深受挾制,而使自己心裡受到威脅之感稍有減輕,反而改變成對該同學的同情心,有適時伸出援手的作為。甚至進一步發現:其實自己也是對方的壓力來源之一。

張媽媽發現自己正在進入更年期的過渡,而孩子也在青春期的荷爾蒙影響當中,於是配合著生命的季節調整了一些步伐。李

先生接受了太太的真誠表白：試著相信她基本上沒有惡意。於是在沒有那麼受傷的情況之下，也減緩了飆罵次數。

化敵為友並不簡單，但是兩個人形成的關係裡，有一方放下了敵意，互動的氣氛已大不相同。

 改變的相關要件

對薩提爾而言，改變有四個互相緊密相關的要件，就是自我價值、冒險、規則、人際因應模式，可以用下圖表示。這四個要件之間有彼此的相互關聯，互為增長或抑制。簡單來說，就是在夠穩定的自我價值感基礎上，當事人會願意冒一點險，在重複性的規則模式上面產生一些鬆動，以便跟他人來往或與外界接觸的時候，在因應方針上可以見到建設性的不同。

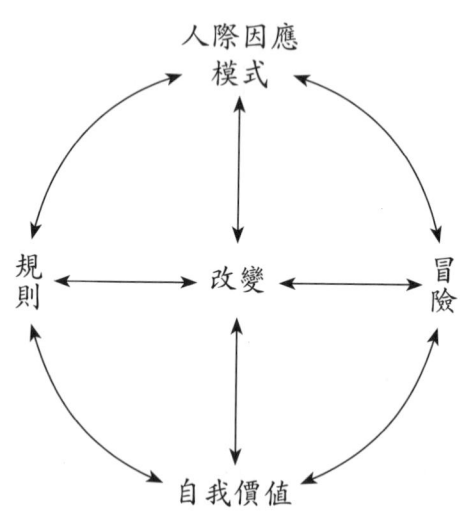

一、自我價值

　　圖中下方的自我價值是一個人主觀上對自己的評價和肯定的程度，也跟廣義的自信心意思很類似。不同之處在於自信心是建立在能力上，但自我價值高的人，卻並不一定需要很有能力或成就，也能自我肯定而不會一味追求。有偏高的自我價值感，才讓人敢於冒險，自卑的人只能故步自封，重複說著那幾句老話，抓著已經過時的老習慣不放。

二、規則

　　圖中左側所謂的規則，指的是從小養成的一種因應方針，會重複性地出現或運作。這些規則需要能夠鬆動才有改變的機會。而檢視一路走來至今依舊的重複性規則，去蕪存菁地篩選，就是家庭重塑的精神，也就是檢視過去從家中習得的建構（construct）加以重新建構（reconstruct），對於成長性的改變，這是極為重要的一環。誠如哲學家蘇格拉底所言：「未經檢視的人生，不值得活！」

　　所謂檢視，並不是用一種指責的態度對付自己的行為，而企圖革除；也不是以批判的眼光怪罪自己的想法，而是要用疼惜的心、帶著脈絡觀的深度理解，才能讓這個重複許久的思言行為有所鬆動，帶來轉變的先機。

　　薩提爾的改變觀就是這樣一種轉化式的改變。

三、冒險

　　圖中右側的冒險與左側的規則是對立的兩端，互為消長。規

則愈僵化，就需要有更大的冒險，而且基礎都在於自我價值感。人有夠高的自我價值感，相信自己值得更好的生活，才有價值去培養一些新的作為；有勇氣冒險新的嘗試，也才能夠給舊的規則帶來新頁或增加彈性。

在這三個要素的建設性互動之下，就有機會做出轉化式的改變。

 **轉化式的改變**

薩提爾對於改變的觀點是「轉化」（transformation），而非「矯治」。矯治是把不好的行為特質除掉，取而代之以好的行為；轉化的概念是沒有價值對立的判定，任何一種行為特質本身無所謂好與壞，端賴使用之時機與情境。而人的改變在於吸收新的行為模式，並且善用舊有的習慣，使自己更富有彈性，人生更具選擇性。

李氏夫婦對金錢的看法是南轅北轍，太太強調量入為出、節儉持家，先生則認為開源乃是致富之道，而消費是刺激生產，也是提高生活品質的原動力。他們經常因為這個主題從理性的辯論，到實際的生活磨擦，消耗不少精力。經過諮商之後，兩人願意改變──是改變自己而非改變對方，太太可以在先生身上學到消費的能力，並且在適當的時機運用其節儉的精算態度；而先生可在太太身上學到經濟規劃的概念，但不失其開創的精神。

家庭重塑的理念也是建立在「轉化」基礎上。一個孩子在家庭成長的過程中，多多少少都曾有受過傷的經驗，而影響其人格的發展；當長大之後，透過現實生活的歷練，得有機會重新審視

2 壓力因應模式與轉化式改變

過去的傷痛。然而，我們無法改變過去的歷史，一味地將目前的不幸歸因於上一代的過失，也不能帶來生活的轉機。只有在尋根溯源正視這些傷口之後，轉化為面對現實壓力的資源，並且發展新的行為模式，來增加自己生活的選擇性。

阿全參加完家庭重塑的團體後，開始更有意識地了解到早期家庭生活中被忽略的經驗，一直影響現在的自己。當他面對人群時常感到不安，使他需要花很大的精力來處理人際關係，有時覺得自己付出不夠，不值得別人回饋，有時又覺得自己傻呼呼地付出許多，卻得不到相對的友誼。長期的空虛感令人窒息，每當獨處時，內在的焦慮與沮喪讓他深深害怕。在重塑中他也發現，自己面對壓力的模式是不斷自責與自憐，這是造成他目前生活最不快樂的兩大主因。然而，他也必須承認多年來在專業上的成果，也是靠著不斷地自我鞭策、自我期許換來的；而容易把自己的脆弱表露出來的特質，也為他得到一些扶持自己的朋友；更重要的是，因為這些痛使得他走向自我探索的成長旅途。目前，他所要學習的是，不要過度的自責與自憐，要懂得用持平的態度、寬容的心情來面對目前生活中的壓力。

有了轉化式的改變時，當事人在與人溝通和人際壓力因應方式上面會呈現出改變的效果。

面對壓力的反應方式有百百款，但是薩提爾卻歸納出五種常見的因應方針（或溝通模式），也就是討好、指責、超理智、打岔、一致。人有了轉化式的改變之後，可能就不再極端於採取前四種溝通方式中的一種，而能採取中庸之道或輪流運用，也更能在恰當時機採取一致溝通的最佳選擇。

因為如果我們帶著轉化式改變而非批判的眼光來看前四種型

態，其實它們都是有利有弊、各有千秋，至於她所提出來的第五種表裡一致的方式的確是更勝一籌，超越了前四種，但也並不是說一致溝通就是一個標準答案。在此將五種型態討論如下。

一、討好型

小珍才十八歲，但已經是媽媽的好幫手，當然她自己不會這樣覺得，因爲不管她如何做，媽媽的辛苦似乎從來沒有減輕過，只怪自己太笨了，做事不得要領，唯一使媽媽安慰的是從小到大都沒有讓她操心過。有的時候，也覺得爸爸滿可憐的，雖然他不說，其實小珍可以猜到，每天被個女人喋喋不休地唸個沒完，怎麼會快樂？而自己所能做的，也只有暗暗地做些令他高興的事，例如：倒茶、遞份報紙。這些事一點也不費勁，可是意味著家中的關懷，總要有人這樣做，不然爸爸怎麼忍受的了！

討好型的人常常用敏感的心替人設想，這也是他們面對壓力的模式；當面臨到困境時，就忙著「反省」自己，深怕自己做得不夠好、不夠盡力。這種傾向的人，常常強調人際的和諧，爲了不傷感情，經常犧牲自己的看法，或是委屈自己的感受，其實內在害怕的是對方不喜歡自己。

小珍有時候覺得自己不太受媽媽的重視，不像弟弟總有好理由可以占據媽媽的時間。每當有這種想法時，她就會鼓勵自己更「乖」一點，彷彿「乖」是唯一令媽媽喜歡的特質，要不然就什麼都沒有了。可是說也奇怪，自己愈乖，媽媽愈放心，注意她的時間就更少了。

在一個家庭中，討好型的人扮演著極重要的角色，不但具有情感性的價值——支持、體貼家中的成員，並且還兼具功能性的

價值──為家中提供許多的服務。犧牲奉獻的態度讓其他人在困難時很容易想到他，但多半的時候，他卻是最容易被遺忘的人，忘掉他心中也是有需要的。因此，討好型的人經常感到「沒有人了解」的寂寞與孤單。然而，對討好型的人來說，最大的壓力來源是察覺自己原本的需要，因此不斷地逃避自己的渴望，把屬於自己的渴望「投射」到他人身上，敏銳地觀察、盡力地符合他人的需要，又再度地增強他人對他的忽略。

經過了一整夜的忙碌，小珍才發現到自己肚子還是空著的，但是她卻非常乖巧地知道媽媽也還沒吃什麼東西，於是先端了碗熱湯，放在媽媽的面前，她什麼話也不敢說，深怕驚擾了媽媽。她有些後悔，剛才只顧著清理地毯上的那塊油漬，沒有快點幫助媽媽收拾碗盤和垃圾，而又引發了今夜的戰爭……。

過分的責任感以及強烈的自責，是造成討好型的人常常不快樂及沮喪的原因。他們很容易將人際互動品質認為是「操之在我」，因此負擔了過多的責任。很不幸的是，在許多家庭價值觀中，非常鼓勵這種犧牲式的英雄行為，認為這是成熟及責任感的表現，例如：捨棄自己的玩樂，來照顧弟妹；忽略自己的想法，來支持父母對自己的安排。久而久之，討好型的人開始上癮於這一種小大人式的自豪，而在其一生中不斷地承擔過多的責任，有時常感到自己做太多而委屈，有時卻會認為自己做的還不夠多而自責。

二、指責型

林太太今晚當女主人，邀請的都是先生公司裡重要的高級幹部，雖然每年的尾牙都是這樣的安排，但是對林太太來說，她絕

不敢掉以輕心，因為她認為這對林先生、對林家以及她自己的形象都很重要。女兒已經夠大了，可以給她很多幫助，而她也真的很需要幫手，否則廚房的菜、水果，客廳的家具、地板，浴室的洗手台、馬桶，玄關的拖鞋，陽台的桌椅，花瓶的花，每一間房間，每一扇窗戶，每一塊地毯……，只要想到這些，就已經足夠使她忙亂的了。一大早出門買菜就不順利，對門的王家老是把腳踏車擺在樓梯口，這有多難看，王家就是標準的土包子、暴發戶，有錢買房子，沒有水準過好日子，林太太嘴裡嘀咕著：「待會兒一定要讓王太太知道，他們家多麼沒公德心。」想想看，要不是為了給老公撐場面，待會自個兒還要大包小包青菜蘿蔔的提上樓。老公總是叫自己少買一些、簡單一些，都是一些老同事了，但老公哪裡知道，這些老交情都得下工夫耕耘，這些年來也靠自己努力維持著。老公這個書呆子，太不懂人情世故了。

指責型的人在面對壓力時，常有的反應是希望自己能夠掌握、控制情勢，因此比較容易看到或想到讓自己不滿的地方而力圖改進，求好心切的心情往往使自己壓力更大。但當自己有些失望、不愉快的感受時，會很容易地把憤怒不滿的箭頭指向外界他人，造成他人的壓力。

林太太從早一直忙到晚上九點多，十二小時的壓力，使得她在客人走後，恨不得立刻倒下去，但當她看到老公正靠在沙發上看夜間新聞時，不覺怒從中來，於是她故意把碗盤弄得很大聲，桌椅弄得很大聲，孩子們都知道馬上有一場風暴了。還等不及林先生從沙發中爬起來，林太太已經發難了：「你死人！為了招待你這些朋友，我忙前忙後的，你倒好像個大老爺似的，結婚二十年，被你折磨的還不夠……」，其實林太太此刻心中真正的意思

是：「我累了！我需要有人來幫我！」

指責型的人對於表達自己內在脆弱的感受是有困難的，像是害怕、渴望、難過；而比較容易表現在外的是強烈的攻擊性感受，像是生氣、憤怒。在語言表達的層次上最常用第二人代名詞——「你」來表示對方的錯誤。如果我們把林太太整天所用的指責口氣列下來的話，可以看出這一類型遇到壓力時的溝通方式：

「你怎麼還在洗這些菜，客人快來了！」
「拜託！你不知道這種酒要先放冰箱嗎？」
「為什麼你們平常不會順手放整齊這些書本？」
「你怎麼現在才到，菜都涼了！」
「你以前不是挺愛吃扣肉的嗎？我可是煮了一下午啊！」
「老公！你怎麼不到巷口去攔輛車進來呢？」
「每次替你招待這些人，連中飯也沒好好吃！」
「喂！你沒有看到地上有垃圾，不能撿一下啊！」

夜深人靜，林太太一個人坐在客廳，心中愈想愈不是滋味。替這個家忙前忙後的，而沒有一個人有半句的感謝，老公見到她不是板著臉，就是躲在電視機前，其實自己內心深處真是孤單，想到這裡不禁一陣涼意湧上，心中暗忖著：「明早絕不給他好臉色看！」

三、超理智型

理性是人類專屬的財富，靠著它我們可以學習、可以合作、可以分析、可以推論，更可以就事論事、深思熟慮、謀定後動、

解決問題。它的好處可真是一籮筐，難怪自古到今「理性」成為哲學家、教育家、道德家筆下人格成熟的指標、幸福生活的依據。然而，心理衛生工作者卻常常看到人如何濫用「理性」來抗拒自己的真實經驗，壓抑自己的真實感受。

林先生開著車下班回家，一路上思緒不斷，對於今早在會議上發生的事，他簡直百思費解，何以一個人會因為分工的問題，搞得大家雞犬不寧。這件事再簡單不過了，只是分工的問題，該從大原則上來思考，而不是像老太太買菜一樣，一件件挑、一項項討論，愈吵愈亂。人無法過混亂、沒有秩序的生活，像今天會議桌上……。想到混亂、沒有秩序，就想到兒子，年輕人過著沒有目標的人生，不肯念書，成天玩音樂，舒服慣了，真應該過過苦日子，就會願意上進。自己也翻了些生活心理學、親職教育的書，學習做一個現代父母，但這些書幾乎都是「進口」的，移植到華人文化來，雖然翻譯成中文，但真的適合華人的人生嗎？哪天有機會聽演講得好好問一問那些教育專家，看看他們怎麼思考這個問題，西方的個人主義難道是解決我們華人家庭困難的方針與道路嗎？

超理智型的人在面對壓力時，經常跳開情緒這一章節，而直接分析壓力情境的來龍去脈、前因後果。當忙著思考時，就可以暫時避開負面的感受，對他們來說，事件的合理性遠比經驗的本身重要。因此常常會做些是非論斷，當自己在經驗一些不愉快的感受時，這感受對本身有無好處、對事情有無助益，決定其是否接納自己有這些感受。而對於感受的處理，他會告訴自己：「別這樣想。」「換一個角度來看看。」……就把這些感受打發走了。

忙了一天，林先生疲倦地靠在沙發上看電視，這是他放鬆大

壓力因應模式與轉化式改變 2

腦的方式,可以不必主動思考,隨著電視的情節而自由運作。當他聽到廚房的聲音時,已經知道太太又在不高興了。他有時候實在搞不懂女人,怎麼這樣情緒化,尤其是在忙亂以後,正需要安靜休息,但她卻還是精力充沛地喋喋不休。嘴上說「累」,手還在動、腳還在走、情緒還在發,累了就應該放鬆,放鬆了就不會有情緒,她連這一點道理都不懂。常常告訴她該去上一些課、看一些書,讓人生有進步,像自己常常能以平常心的方式來處理問題,多虧這麼多年來,沒有停止過的用功、求進步。

超理智型的人在溝通時,常喜歡說道理給人聽,這些道理聽起來都十分有理,並且也很有根據,但卻使他們的聽眾感覺與他有莫大的距離,遙不可及。有些時候超理智型的人,頗有曲高和寡之憾。對他來說,如果萬事都能夠行之以理,就不會有麻煩了。但人生在世,其實許多事是超乎於我們所能認知之「理」,像是信仰經驗往往就是非理性,情緒經驗也不是理性所能含蘊的。超理智型的人最怕認知失調,因此會很快地尋找歸因,試圖幫助自己恢復平衡,反倒侷限了經驗本體的寬廣性。

四、打岔型

阿全最受不了家中這種衝突的場面,但是久而久之也習以為常,其實這也沒什麼大不了,反正也死不了人,看開了就是這麼一回事。總而言之,每到這個場面發生,他一定往房間裡鑽,免得被流彈中傷,只要往電腦前一坐,打開線上遊戲,就什麼也不管了。當然媽媽有時也會進來吼叫幾聲,但是這一點也不礙事,只有傻瓜才會把這些嘮叨的話聽進去,不聽還好,愈聽愈煩。過日子就是要輕鬆、快樂,才有益身心,不是嗎?

打岔型的人對於壓力的反應採取逃避策略，逃避任何足以構成壓力的情境，逃避去深入了解別人的心情，甚至逃避去接觸自己內在的感受。對於他們來說，只要一接觸這些壓力，就會掉入無力與無奈中。打岔型的人對解決問題沒有信心，也不認為自己可以承擔得起別人的心情，他更不相信有人會了解他的內在感受。既然情況那麼複雜，於是低調處理，淡化嚴重性，快速忘掉煩惱，倒是一套滿管用的方式。

　　阿全可不像姐姐，一天到晚死氣沉沉，**鬱鬱寡歡**，他可是人到哪裡，哪裡就生氣勃勃，不管是「生氣」（alive）也好，或是「生氣」（angry）也罷！他最受不了家中的「低氣壓」，總想為這些人「解解悶」，換一換空氣。因此從小到大，他為這個家帶來不少歡笑，也帶來不少憤怒，爸爸老是指著他罵毛毛躁躁，媽媽常被他搞得啼笑皆非，姐姐對他頭痛不已。但是說也奇怪，當家中沒有他的時候，還真是冷清不少，格外地想念他！

　　打岔型的人雖然常常顧左右而言他，令人覺得終日言不及義，但卻是充滿了創造力。突發奇想的本事，常常使他們能成功地找到方法，逃避承受壓力的痛苦。因此，在生活中負責與承諾，成為在自我發展上最大的困擾。另外，他們也會迅速地轉變負面的感覺成為輕鬆場面，雖然使其在人際關係上建立幽默與親切的魅力，卻也很容易使其成為各種活動或藥物的上癮者，只要一有壓力，就迅速用一些替代品轉變情緒，久而久之就依賴上這些替代品，而對現實生活中的壓力承受力日益降低。

利弊兼具

　　如同前文所述，以上這四種應對壓力的方式，無論對整個家庭系統，或是對單一的成員，確有其特殊的功能與價值：指責型的人擔負了組織中進步的原動力，一個家庭系統常常會有些求好心切的成員，想要改進一些不合理或不合適的地方；超理智型的人思辨能力在情緒糾結、感受複雜的情境中，往往會大刀闊斧，發揮即知即行的果決力量；討好型的人善解人意、樂於貢獻，為人際互動中提供了溫暖與支持；打岔型的人輕鬆、幽默像是家庭裡的開心果。但是長年累月的互動，上述這些應付壓力的方式，就深深地影響了一個人的人格特質，而且可能會付出相當高的代價。

　　當老舊的習慣不適合當前的環境，就需要改變。依據薩提爾的「增加」理論，轉化這四種應對壓力的方式，並非要求一個指責型的人不要指責、超理智型的人放棄他的道理，而是在他原本擅長的方式中，增加其他方式的長處，使他在應對壓力之時，可以有更多的選擇性，例如：一個討好型的人，先要學習輕鬆看待一些問題（打岔型），不要把人際間的不愉快災難化；更要學習理性的態度來分擔人我之間的和諧責任（超理智型），支持自己的原則及想法，最後能表達自己的不愉快和委屈（指責型）。

　　察覺自己應對壓力的方式，學習其他不同的方法來面對壓力，使自己的所為與人格更富彈性化，這是從事家庭重塑的重要目的。每一種應對的方式兼備優缺點（如下表），端賴我們因時因地選擇避開負面的代價，或使其正面功能發揮更多的價值。

面對壓力方式	優點	付出的代價
討好型	體貼 善解人意 容易與他人合作	被忽略 失去自我 沮喪 負擔過重
指責型	保護自己 公義 求好心切 改革	孤單 人際關係惡化 社會適應不良
超理智型	明辨是非 就事論事 不情緒化 分析推理	缺乏感受 令人無趣 自我封閉
打岔型	輕鬆 幽默 創意 生動	無責任感 空虛 上癮 幻想不切實際

這些壓力因應之道只要不過分極端，都有其功效。當然，一致型的溝通是薩提爾的中心理論，也是一種理想，但如果把一種理想當成單一價值和目標，那也就容易成為一種宰制性的束縛。要在這幾種當中找到平衡的運用，因時制宜、因人制宜才是成熟之道。

一致型

在上述四種典型之餘，薩提爾提出一致型的溝通，就是充分察覺自己，並從自己出發的「我訊息」（I message）自我表達，

同時也邀請對方表達，並預備聆聽對方的經驗和觀點。以平等的位置、開放的心態企圖盡量說清楚自己，幫助對方了解，並能在彼此之間有不清楚的地方耐心澄清所聞、尊重差異。這在心情平穩的太平盛世真是美事一件，可以達成很完美的意見溝通和關係建立，但若是在心中有很多負面情緒或怨氣累積，甚至帶著早期創傷時，就不見得容易做到了。這是一種知易行難的作為，因此一致型的溝通無法只是一種溝通技巧，而必須是一個表裡一致的人格成熟之後能夠展現出來的態度。

人際溝通的三個項目

任何一個溝通發生在兩個人的對話或關係當中時，都會包含三個項目：自己、對方、事情（如下圖）。

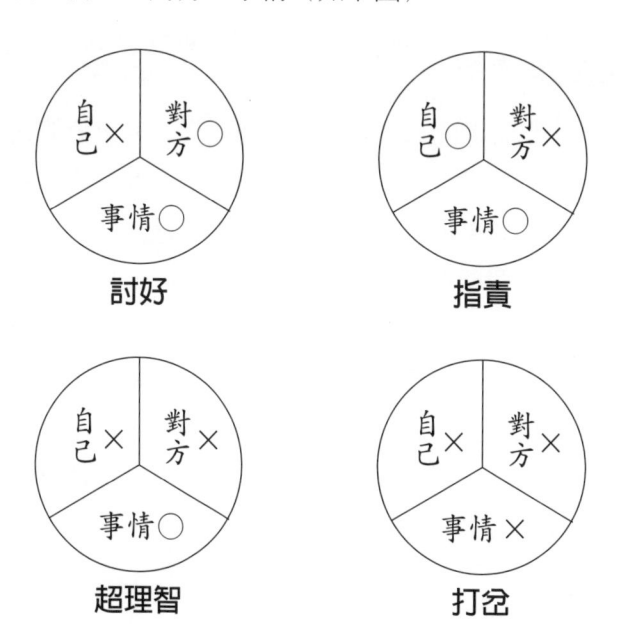

討好：自己×、對方○、事情○

指責：自己○、對方×、事情○

超理智：自己×、對方×、事情○

打岔：自己×、對方×、事情×

家族歷史與心理治療
（第四版）

討好型的人關照對方比較多、指責型的人關照自己比較多，兩種都著眼於人；超理智型的人關照事情和其中的道理比較多；打岔型的人是三個要素都暫時模糊焦點；一致型的人則是把三個要素都關照得到。

在此，讀者可掩卷反思：生活中有各型的人出現在身邊？自己呢？擅長什麼？不習慣哪一種？

跟不同典型的溝通者來往

我們身邊有各種各樣溝通類型的人，如果你稍加留意可能會發現到，跟不同的人來往要投其所好，而不要反其道而行，這樣比較容易「談得來」，而不會常常陷入交錯溝通，莫名其妙地話不投機半句多。

一、撞見指責者

當你遇上指責型的人，想辦法不要受傷，要了解他只是很想改變他人，尤其在壓力愈大的時候愈會挑他人的毛病。除了要保護自己不受傷，如果你會問問題，記得多問他的期望。因為指責型的人就是有一個期望要改變他人或環境的心，只是他不擅長說出期望，而常常用抱怨指責的負面言語習慣。如果你夠聰明的跳過他的習慣，也不讓自己受傷地直接問他：「請問在這個事情上，您盼望的是什麼？」或者給他選擇題：「先生，你是想要咖啡還是茶？」可能就不會陷入衝突，反而讓交談能夠繼續流暢地走下去。看官不妨一試。

二、面對超理智者

碰上超理智型的人，最好少去跟他在情緒的層面上著墨。你說了太多自己的心情，只會讓他覺得不耐煩或不知所措。如果你冒昧地問他：「請教您的感受如何？」他可能會回答你一個他的想法，或是他可能會皺著眉頭說：「嗯，大概是這樣的感覺吧。」何必要難為他呢？與其問他的情緒，不如問他的觀點或看法。他可能會侃侃而談，交流無礙，因為對應了他大腦的優勢部分：思考。

三、與討好者來往

如果你知道交談的對手是個討好型的人，請務必關照他的心情感受，欣賞他的付出，他會感謝你的理解體諒，也會覺得你是個容易相處的人。如果你要跟他建立關係，可以先同理他的心情，話匣子比較容易打開。

四、遇上打岔者

如果你身邊有個打岔型的人，但願你有幽默感，而不要對他厭煩，或認為他是個玩世不恭、說話不經過大腦的人。要知道，這也許是他的生存之道，可能是大智若愚、深藏不露，也可能在嬉笑怒罵當中，胸中自有丘壑。就算他是一個習慣膚淺的搞笑之輩，往往也是團體中的開心果，如果你要得到他的關注，就看著他的眼睛、叫他的名字，再跟他說重要的訊息，他會注意聽進去的。

各位看官,如果你善於溝通、知人善用,就沒有難溝通的對象;如果你堅持自己的型態,也許你就是一個溝通的障礙者。

更多元的壓力因應反思

如果沒有施壓就不可能在模板上呈現圖案,如果地下沒有壓力就產不出珍貴的石油。生活中的壓力,使人就會本能地做出因應,以便存活。孩子在家庭裡其實承受著不少壓力,不管是外在的壓力,例如:父母為了經濟而吵架、奶奶和媽媽之間有一種奇怪的氣氛、手足競爭;或者內心因為渴望得到長輩的讚許或同儕之間的得勝之內在壓力,有些孩子還會見到父母受苦而心疼。

為了因應這些壓力,孩子會發揮他的潛能與巧思,找到某種因應方法。忍耐可以用來度過壓力,競爭是其中一種方式,謙讓又是另一種方式,報復也可以是一種因應之道,掩面不看當然也是一種生活下去的方法。每一個小孩的心靈都按照他當時的年齡和判斷,採取某一種因應壓力的方式。這些壓力在他們的人格裡壓出了一些能力或持久存在的人格特質,甚至成為內在系統裡的一個部分小我。而這些因應之道,也是以系統化的方式存在著,共同譜出內在的樂章,形成內在系統的豐富。

在此,各位讀者不妨掩卷自問:

1. 兒時的家中,最大的壓力是什麼?有人生病?經濟不足?在校遭霸凌回家不敢說?還是心中偷偷喜歡隔壁教室的大男孩,但知道這將違背父母的庭訓?
2. 當時在這個壓力之下,你是如何因應?採取了怎樣的策略和反應方針?是否壓出你的溫柔、美麗或競爭?還是長出

壓力因應模式與轉化式改變 2

一份忍耐的堅韌？或是道出了堅持倡議的勇氣？
3. 你是否珍惜自己曾經用過的因應之道所養成的能力？還是疼惜自己在因應之道當中所受的痛苦和受傷？
4. 長大以後檢視時，以成熟的眼光又看出些什麼？領悟了什麼？
5. 總體反思：究竟我從家中帶了什麼禮物走到今天？又帶著些什麼包袱重擔值得卸下？

這些當年的因應之道，是否持續地運用而影響今天的生活？抑或已經形成重複性的模式？或是小我？

你想改變嗎？需要查看另外三個關乎改變的因素：扶住自我價值感，還要先認清自己的老模式，鼓勵自己冒點險，嘗試一些不同的說法和作法。這並不表示舊有的一定不好，而是增加一點新意，為原來的習慣模式帶來一些彈性。

我們值得帶著欣賞疼惜的眼光，去認識自己重複性出現的行為模式與規則，也盼望它能有一些節制而不極端化。不管它過去給自己闖了多少禍，或立下多少汗馬功勞。能跨越時空，願意去探索這些在生命中重複性的規則有怎麼樣的起點，都是很有價值的。相信沒有一個自己行以多年的規則是絕對不好的，而都是盡心盡力、忠心耿耿地在為自己這個人的內在系統，或是為自己的家庭系統做出奉獻努力。

當自己的因應模式（可能已經形成一個自己的「小我」）得到了來自「自我」成熟溫婉的肯定，它反而能放鬆下來、產生彈性，或因為自己的肯定而提高自我價值感，也因而更願意去冒點險，在下一回合的挑戰或人際互動中展現些許不同，或增加一點新的嘗試。

當我們知道自己有一個極為突出的壓力因應之道，就值得帶著好奇心去看在這個強烈的人格特質做出貢獻之餘，可能帶來怎麼樣的損傷？在光耀或堅強的背後可能藏著、躲著、保護著怎麼樣的脆弱？也許這就是這種因應之道帶來的損失，而這個被放逐、不去碰觸的脆弱，可能也有耐人尋味的空間，以及有待療癒的創傷。這也就是系統思維下自我成長的核心價值。

第二部分

系統思維

什麼是系統？

　　系統就是部分跟整體的關係，以及部分跟部分之間的關係，這些互動關係形成了整體的功能和生命力。

　　系統是亂中有序，看起來複雜，其中卻有一些規則可循，而這些規則又不是一成不變，也有例外的空間。宇宙星球是一個系統，例如：太陽系、銀河系；人體是一個系統，整個人的身體裡面有循環系統、呼吸系統、骨骼系統、肌肉系統。

　　系統的運作有其規律，例如：學校是一個系統，除了各個科系年級的系統架構，在時間規律上，開學的時候校園人潮洶湧，一段時間之後顯得比較稀少（難免有些同學蹺課遲到，很少能夠全員到齊），某一個日子又人潮洶湧而且氣氛有些緊張（原來是期中考到了）。鳳凰花開時，有穿長袍、戴方帽子的人在校園裡照相。下一個學年開始，又有各個社團開始擺攤招生，隨著季節周而復始。校園裡面有一些固定變化的規律是可以預期的，這是系統的亂中有序，某一個程度上可以預料。

　　系統是動態的，在部分跟部分之間有互動，在動態當中有整體的生態平衡。有一些互動像是跳舞，兩人舞或是團體舞，有固定的舞蹈節奏和舞步。以致於這些動態從整體來看有一種均衡作用，就算音樂跟主題改變了，有些舞步依舊。所以整個系統是不容易改變的。系統中的部分或個人要改變也不是容易的事情，因為必定會受到其他部分的牽制。

　　系統思維是一種眼光，能看出一個點的背後有許多線路，看出立體的空間而不只是一個單薄的層面，看出動態而不只是靜止不動。帶著系統思維會看出家庭跟人都是系統。

3 家庭是一個系統

　　二十世紀初,生物學家卡爾・馮・貝塔郎非(Karl von Bertalanffy, 1901-1972)曾提出一般系統理論(general system theory)。當時這個新觀念,以新的眼光來看世界萬物的架構,也成為家族治療中重要的理論架構,往後家族治療中的結構學派、經驗學派、溝通學派等,都是以家庭系統理論(family system theory)為出發,而各有特色。

　　「系統」是由不同的單位所構成,每一個單位都獨具特色,而又彼此相互作用,共同締結出整體性的功能,以便完成兩大任務:一是對內維持運作的平衡,二是對外尋求適應,並成為另一大系統的小單位,例如:學校是一個系統,在這系統中由學務、教務、總務、人事等不同的單位構成,各單位各有專司之職守,而對內共同維護校園運作之平衡,對外為社會培育青年人才的機制。

　　張家有三個兄弟姐妹,老張是一家之主,擁有最多的決定權,他在這個家中扮演領袖的角色,不只提供主要經濟資源,還掌握了生活規範及方式的選擇。張太太長年相夫教子,是鄰居公

認的賢妻良母，她對家的功能是提供永無止盡的關懷和情感的支持。大哥從小品學兼優，念書從不會使爸爸失望，他對家庭提供了榮耀與希望。二哥外向活潑，雖然書沒有哥哥念的好，卻甚有人緣，在學校風頭很健，長輩常稱讚他善解人意；他也做事熱心，家中大大小小的事，從幫媽媽買菜到陪小妹寫功課，都是他的責任範圍，他的功能是對家庭提供許多的服務。小妹嬌柔可愛，全家大小都視她為掌上明珠，她也極為討人喜愛，只要她一出現，家裡就熱鬧起來，她為這個家帶來了歡愉。張家五口人，形成一個系統，有整體的家庭功能，而每個人各司其職，維持了內部平衡。

家庭是一個整體，家人是其中的部分。一個人跟另外一個人之間有動態的關係，幾個家人在一起就可能成為一個次系統，在不同的代別當中也有各種各樣的聯盟、結盟和拒斥的現象。家人應該公平，但誰都知道絕對的公平根本就不存在。不管是基於性別、年齡、能力，或是個人的偏好、偏心，不可能在每個人之間都畫上等號。家人都在這些不公平當中，帶著既得利益的小確幸或是壓抑著的委屈，在家庭舞台上各司其職或扮演不同的心理角色，而共同構成了一個稱之為「家」的系統。

兩人互動

任何兩個家人之間，會以來往互動的方式形成他們的關係特色，而這個互動打從第一天開始就持續地進行。它可能是一個同質性的互動，帶來兩個人更多的相似、共鳴甚至於競爭，也可能是一個異質性的互動，帶來兩個人更多的差異和其中的互補互

惠,更可能會在異質互動當中,走到了極端化。

同質性互動,例如:兩個家人有共同的信仰,彼此相得益彰,益發投入。異質性互動,例如:一個有憂鬱傾向和慵懶個性的妻子,和一個具勤勞負責、高功能特質的丈夫之間的互動。丈夫的優點人見人誇,但對妻子的成長可能沒有助益,反而是相反的效果;丈夫做完了所有的家事、照顧了一切,妻子在其中卻愈發消沉、功能日落,甚至於會有一些不成熟的舉動出現。丈夫在這樣的處境中,也就被迫更為挑起所有的擔子,而這樣異質互動的例子在「傾斜婚姻」裡面常常見到。

三人互動

任何三個人當中都會有一種類似舞蹈的方式,持續的互動使舞步漸漸地固定下來,影響了其中三份關係,也可能對這三個人的性情和生活都帶來影響,例如:一個家裡有強迫症的姐姐,洗澡有很多固著的流程,她要求妹妹站在浴室的外面聽她使喚,依照姐姐規定的次序遞上毛巾、衣服、梳子等等。如果有差錯,姐姐會很生氣,拿梳子打妹妹。我問妹妹是什麼樣的心態使得她不逃走而繼續承受姐姐的無理對待?這樣互動的時候,媽媽知道嗎?媽媽在場嗎?如果媽媽在場會有什麼反應?妹妹說:「有一次姐姐打我,我注意到媽媽看我一眼,然後就離開現場走出去,我看到媽媽的眼中有淚。」我問她這代表什麼意義?妹妹說:「媽媽知道。她心疼我。」我問她:「妳猜媽媽為什麼不阻止姐姐?你又為什麼不逃走?」妹妹說:「讓她打一下,我們家就可以順利開飯,否則姐姐大發脾氣或是繼續執著在浴室裡,晚餐都沒辦

法吃；重要的是媽媽了解我的痛苦，媽媽知道我為家庭付出，媽媽了解就好。」一個固定的三人舞蹈持續進行，一個小小的系統，有它的持久均衡，並不容易改變。

核心家庭是一個情緒單位

住在一起，以父母子女為主的幾個人組成之核心家庭，多半是一個經濟的單位，孩子由父母提供生活費用和繳付學費。父母老年之後如有需要，做兒女的也會進行奉養。奉養和繼承都是有《民法》依據，但在家庭裡面情多於理法，除非在很特別的情況之下，才會走入家事法庭去尋求經濟問題之解決，例如：離婚或遺產分配上面有糾紛的時候。

核心家庭是一個經濟的單位，同時也是一個情緒的單位。家中的情緒彷彿有一個總量，在幾個人當中做某一種無聲的分配和約定，例如：家裡有一個成員經常情緒爆發，好像拿走了很高比例的憤怒，有些家庭裡面只有媽媽有權利發飆情緒，其他家人只有害怕的份兒。當她爆發的時候，其他家人就紛紛走避回到自己的角落默不作聲。情緒分配在這幾個人當中，就像家事分工一樣，有人做得多、有人做得少，但所有的家事總要由這幾個人把它做完。情緒也很類似，當一個人包辦了所有的哀傷自憐，他的需求跟抱怨就會充斥在整個家庭的氛圍當中，其他的人或是默默忍耐，或是準備出門的行囊，數算可以離開的日子。

一個在學校受了委屈的孩子走回家，一進門就看到在婆媳關係當中受委屈的媽媽正在流淚。媽媽抬起頭來問孩子：「今天在學校過得好嗎？」這孩子小小聲說：「還好。」本來想要跟媽媽

吐露學校中發生的事情和受到欺負的委屈就壓了下來，因爲今天的難過分量已經被媽媽占據使用光了。

家中發生事情，大家都很有壓力，誰最害怕呢？當害怕被妹妹用光了，哥哥只好鼓起勇氣，堅強地扮演一個家中暫時的英雄。家人之間的互動常常是帶著各種各樣情緒，從這樣的角度來看，其實非常傳神，也非常眞實。

各位看官掩卷閉眼反思一下，在你童年的家庭裡，誰占去最多的憤怒，讓別人不敢說話？誰拿走最多的委屈，以致於他人除了心疼又能如何？在你的家中情緒的分配平均嗎？會有一個插科打諢、搞笑取悅大家的小丑嗎？是你嗎？

代間傳承些什麼？

在手足競爭當中競爭失利的父親，有時會對兒女有特別高的要求；在情感中受傷的母親，也許會對自己的女兒有格外保護的教導，甚或威嚇。目的無非是「我受過的苦、吃過的虧，但願你們不要再受」，但這樣的作法愈是強烈，收到的效果也是兩極：可能造就極爲優秀、有競爭力的孩子，也有可能在自己下一代造就了放棄努力的孩子。而在極端優秀和放棄努力的兒女當中，又形成了怎麼樣的手足關係呢？代間傳承了什麼？實在耐人尋味。至於情竇初開的女兒有追求者出現時，母女之間又會出現怎麼樣的緊張狀態呢？其間有多少母親殘留的情傷？

家庭會傷人

單一價值的殺傷力

在「萬般皆下品，唯有讀書高」的家庭裡，不會念書的孩子顯然成為弱勢，他要怎麼樣尋求自己的天空呢？那個獨占鰲楚、握著光耀傲人成績單的孩子又犧牲了些什麼呢？

有些家庭具有格外狹窄的價值觀，盼望養出一個醫生或律師，或是具有名校情結。然而，在排列成行的醫學生或博碩士當中，如果夾雜著一個拒學小子，他要怎麼樣維持自己的自尊，走出自己的道路？又將如何面對父母家人，轉化成長的挑戰？

一個單一價值的家庭裡可能犧牲創意的孩子，這是很常見的。但是，也有父母願意帶著好奇心去聆聽這獨特孩子的心聲，理解他的愛好和興趣，找出他的專長亮點和限制。這樣的態度不但允許家中有異類，往往也擴大了父母的價值觀，給家庭帶來新的色彩。這樣的家庭是多麼的令人激賞！繪本《小貓玫瑰》（*Lagattira Rose*）（上誼文化）一直是王行在家庭重塑中作為譬喻的一個故事：黑貓嶺上，容不得雜色的黑夫人，卻生出了一隻玫瑰色的紅貓。她特立獨行，遠離家鄉成為歌手，卻又產下一隻黑亮光澤的小貓。她不知如何養育，帶回娘家以後，黑貓嶺上奔跑著紅黑交織的貓兒。黑，不再是唯一美好的色彩！

家庭結構

一個系統為了確保其對內、對外的功能發揮，就必須有其相

當固定的結構,像是一個民間社團,其組織章程就規劃出該社團的基本結構。一個家庭的固定結構,往往是父母—兄姐—弟妹的型態,愈往上所負有的養育責任與情感維繫之功能愈大,愈往下其負擔的責任愈小,直到父母年老,功能自然減退,則漸漸地改變原有權力結構。然而,當結構核心有某些成員不能發揮功能時,便發生扭曲與病變,影響了成員在家庭中所扮演的角色,例如:有一個重病的母親,無法負起養育的責任及情感維繫之能力,則姐姐就必須替媽媽擔負更多的責任,成了爸爸的情緒配偶以及弟妹的小媽媽,甚至還要像母親般地照顧媽媽。因此,接受照顧,可能就是姐姐人生裡所缺乏的能力,無法成為被照顧的角色,而承受過多的責任,即成為她生命中的基調。

華人傳統的家庭結構,常有「子宮家庭」型態的出現,往往孩子們在其中扮演超出其年齡的角色,使得黏結的特色成為華人家庭文化的一部分。

林小姐嫁到王家時才十五歲,但就必須學會應付一大家族的複雜關係及生活需要。多半時間她是委屈及孤單的,婆婆的刁難,加上丈夫為了功名經年在外,使得日子格外難過。當有了第一個女兒時,她比較有寄託,好歹以後有個小幫手;等到兒子出生時,她的生命終於有了希望,且提高了她在家族中的地位。將來兒子若功成名就,就是她揚眉吐氣的時候。

大柱子從小看到媽媽受家族欺負,爸爸又長年在外,心中對媽媽除了心疼,就是立志希望自己快快長大,功成名就,使媽媽有出頭天。等到大柱子長大娶老婆了,孝順母親當然是第一重要的事,而光耀門楣則是另一個人生奮鬥的目標。大柱子老婆在這大家族中就更不容易得到丈夫的支持與照顧,不過等到她自己生

了兒子以後，一切就有了指望，於是歷史一代一代地重演下去……。以子宮產出的子嗣，作爲第一優先的親密對象與期望所託，如下圖的循環。

疏離的男人 → 冷落 → 委屈的女人 → 失望 → 寄予重望的兒子 → 長大 → 情感負擔過重的孝子 → 立志 → 疏離的男人

家庭結構並非一夕形成，而是在家人的共舞中，日積月累地使這些家人之間流動性的來往過程，漸漸形成了固定的結構，而小孩的人格也在其中形成。

家庭動力與家庭舞蹈

系統中每個單位都有其獨特的功能，然而每個單位的功能之所以能夠發揮，還需要其他單位的互補與互動。家庭中某一個角色之所以能夠成立，端賴其他成員的協助或默許，因此我們絕不可只試圖了解某一成員的角色行爲，而忽略其他成員在該角色形成過程中的參與性。

家庭是一個系統

惟可在哥哥惟新於大學入學考試再度名落孫山之際，不負眾望地考上第一志願的高中，使父母在親友面前不致顏面完全掃地。考上一流的高中，除了靠聰明外，更重要的是努力及成就動機。惟新就在弟弟扮演成功者的角色形成中，成了重要的觸發者，參與了這件榮耀的促成。因為惟可每次見到媽媽為哥哥的不上進而發愁時，為了不使媽媽更傷心，只得自己多努力些，以減少媽媽心中的壓力與煩惱。因此，哥哥愈不上進、媽媽愈煩，惟可就愈用功，當然惟可的哥哥可不知道自己對弟弟有那麼大的「貢獻」。

惟新對於自己入學考試再度落榜，似乎不太引以為意，在補習班的一年都是「混」過的。其實，毫無目的地「混」日子也很無聊，自己早就想去當兵，退伍後再做打算，可能去學美工，或是和朋友合開一家機車行，然而爸爸認為非得要念書，受正統高等教育才有前途。爸爸是家中的權威者，一言九鼎，沒有人敢反抗，當然只有惟新，從小到大、明的暗的不知扯了父親多少後腿。這個家庭需要一個反叛者，才能帶入不一樣的價值觀與生活方式，而惟新就扮演了這一個角色。他雖年輕不成熟，卻看出家中上自奶奶、下至弟弟全都臣服於「大王」的權威，而大王本身卻經常言行不一，惟新就常情不自禁地說些「真話」，做自己想做的！

惟新和惟可何以有那麼大的差異？他們不同的發展，與家庭每一個人都息息相關。系統的特徵是整體性與平衡性，在整體與平衡的前提下，任何個別的行為都會影響整體的運作和維繫著整體的平衡。

家庭中維持平衡的方法，也就是動力的「規則」。當這個規

則形成之後,就很難改變,所有的成員也會不斷地重複規則下的行為。這些規則好像是一首舞曲,只要一播放,全家人就展開固定的舞步,此稱之為家庭舞蹈:

序曲:李家兩兄弟為了細故爭執,開始時各不相讓,哥哥愈來愈激動,聲音愈來愈大。

主調:媽媽出來主持公道,一眼見到老大扯著嗓門,老二默不作聲,開始訓誡老大脾氣暴躁,老大愈發激動,摔門而去,媽媽大怒。

尾聲:媽媽向老二訴苦抱怨持家不易,老二默默聆聽,待媽媽宣洩完畢,見到楚楚可憐的老二,心有不忍,稍以口頭鼓勵,即自行離去。

像這種互動的模式,在李家可能已經發生過不計其數,雖然內容不近相同,但三個人共舞的舞步卻是相當固定:

第一拍:兄弟爭執。
第二拍:母親出面指責老大。
第三拍:老大受挫。
第四拍:母親訴苦,老二傾聽。
再回到第一拍,重新又是一次輪迴。

在這家庭舞曲中,舞步是三個人共譜的,每一個人各出其招,有條不紊:哥哥出激動牌,弟弟出沉默牌,媽媽出指責牌。因為他們都覺得自己有委屈,因此出牌時皆是理直氣壯,認為自己非得如此。但時間一久,每一個人都要為這首舞曲付出極高的代價。以李家為例,媽媽與弟弟之間愈親密,哥哥愈覺得委屈,

就會不斷地找弟弟的麻煩，引來媽媽更多的責難，像是滾雪球般，使得三人彼此之間的嫌隙更加深刻。

絕大部分的家庭舞蹈對成員來說，皆具有強烈的制約性；也就是說，當某種熟悉的訊號散發出來，家庭成員們皆各就各位，準備開始行之有年的舞步。當曲終人散、清點損失時，成員們卻往往忽略了自己的參與，而相互指控對方該為傷害負責。其實，當成員們「強迫性」地加入舞蹈時，多半都從日積月累的經驗中知道事後的結果，但他們在整個過程中各有收穫，我們何妨以幽默的心情來看待整個系統的運作：

序曲：老林下班，看到年邁的母親躺在床上呻吟，太太正在廚房煮飯。

主調：1. 老林探視母親，母親不斷嘮叨乏人照顧，以致身體疼痛。

2. 老林詢問太太，太太輕描淡寫，認為婆婆無病呻吟。

3. 老林大怒，太太反唇相譏，認為先生早已不重視家庭，心中只有工作。

4. 老林氣急敗壞，嘴裡嚷著：「妳不照顧媽，我來照顧。」開始扶母親外出散步，一路上不斷地嘮叨：「年紀大一定要多運動，不要只躺在床上……。」

尾聲：林太太一個人在廚房裡生氣，將鍋碗摔得很大聲，兒子立刻被吸引而來，一面幫忙料理，一面安慰媽媽。一直到晚餐，四口人又會在一起吃飯。

在林家這場三代同堂的婆媳之爭,看來損失慘重:(1) 夫妻失和;(2) 婆媳嫌隙擴大;(3) 兒子同情媽媽,與父親對立。但是在舞曲中,其實每個參與的成員也各有斬獲:

1. 老人家需要吸引兒子的注意,她為自己贏得了與老林單獨相處的機會。
2. 老林平時過於忙碌,疏於對家庭的照顧,年邁的母親喚起了他的不安與罪惡感,而為母親仗義直言。老林事後單獨侍奉母親,也釋放了自己的罪惡感。
3. 林太太主持家務,付出極大的辛勞,與先生一吵,自己當然站在道德優勢,得到兒子的支持,同時她知道不久之後老林一定會用某種方式來補償她,例如:出國旅行。
4. 兒子在這首舞曲中,可以暫緩面對學業的壓力與挫折,而在同情媽媽中,感受到自己的力量與信心。

所以真正清算的結果,一方面是損失慘重,另一方面也可以說每個成員都是「求仁得仁」。

一個家庭系統的氣氛,就在許許多多的家庭舞蹈之下鮮活地形成,而每一個成員參與這動力的過程,直接地影響了其在家庭裡的角色與功能,刻劃出其人格特質突顯的部分,而影響日後的生活際遇與人生經驗。

家,是一個整體,家人是其中的部分,且以各種方式來往互動。人,也是一個整體,其人格特質、角色風貌正如此人的部分,在他的生活裡動態的運行。而這正是系統思維下,人與家庭的概念。

4 人也是一個系統

系統思維下的人觀

家是一個系統、是一個整體，還有許多家人互動在其中；人也是一個系統，在整個人內有許多部分小我，也在其間彼此牽扯、互相保護、有來有往。從系統思維來看，每一種正常的人都有一個與生俱來的核心自我和許多部分。部分也可稱之為面貌、次人格。

筆者在本書中多以「小我」這個名詞，來代表人內在系統中的部分。自我不會消失也不會受傷，而且具有相當的功能和特質。由於內在系統中眾多小我的衝突或爭奪主控權，以致有時候自我的能量不強、功能不彰。但那就像雲朵遮住了太陽，其實太陽依舊還在。當烏雲散開，就像每一個小我都各守其分、各司其職，自我就能夠發揮功能，在內在系統居領導的位置，而成為一個由自我領導的內在系統，那也是健康、安定、不混亂的內在系統。就像一個家庭裡面有大人在，班級裡有導師，一個國家不是處於無政府狀態，而是有明君在朝，治理國政。

自我的特質

自我與生俱來，穩坐核心、不會受傷，會受傷的只是部分小我，這是李察‧史華茲（Richard Schwartz, 1949- ）所創內在家庭系統（IFS）理論的第一信念。自我有下列特質（又稱為 8C 特質）：平靜安穩（calm）、好奇（curious）、清晰（clear）、勇敢（courageous）、信心（confident）、創意（creative）、悲憫之心（compassionate）、能夠連結（connective）。

自我當家的時候，系統是安穩平靜的，既不情緒化也不會動盪不安，願意帶著關懷察覺自己內在的動靜，以好奇心認識自己的眾多小我。所謂好奇心就是「不帶批判的探討態度」，願意更多開放地認識自己的小我，也以正向眼光欣賞它們的貢獻。自我有一種清晰的能力，可以分得出每一個小我與其他小我的不同，甚至於可以為他們一一命名。自我有連結的能力，能跟每一個部分都不失聯、保持來往，收取小我的訊息，以關懷與悲憫的態度對待每一個小我，對於受苦或帶著創傷的小我，尤其疼惜關懷。自我當家的時候，人是有勇氣、有信心的，同時能夠很有創意的，也在生活中善用自己的小我。這樣一個有自我領導的內在系統，是和諧平穩的，也多半能將生活中的事情處理穩妥，也就是一個健康人格的寫照。

IFS 稱之為內在家庭系統，就可以看得出是用系統思維看待人內在的小我動力，彷彿像家人一樣，彼此之間有同質的互動、聯盟，也有異質的互動、彼此的對立，甚至於極端化。有批評的小我指責不休，也有被壓迫的小我躲藏起來不敢露面。而這一切

的動態都需要有自我當家,才能夠協調妥當不會混亂,甚至於能夠日進於德,朝向成長與統合。

一個人的自我若能常常穩坐在意識的寶座上,生活會有效能,內在會有安穩。但是,這美好的境界是需要眾小我都願意支持,自我才能登基、穩住江山。像是一個好國王,能有秩序地治理他的王國,也像一個好牧人,認識他的每一隻羊、善待他的每一隻羊。

小我的分類

李察・史華茲的一個創見是把眾多小我分成三類,也就是管理者(managers)、流亡者(exiles)、消防員(fire fighters)。管理者是一個人有功能和社會化取向的面貌,例如:他知道基本的禮貌,守法守時。負責任小我會把該做的事情做完,力爭上游小我會努力不懈,完美小我總覺得自己還做得不夠,討好小我認為他人的需要比自己更重要,自我批判小我絕不放鬆地提出警告之聲。

流亡者是一個人脆弱的部分,可能帶著創傷的記憶,他們往往是焦慮、羞愧或害怕的。流亡者本來是一個人與生俱來的純真、創意、好玩的部分,但是成長過程中受到否定打壓,而使這些面貌被隔離,彷彿驅逐出境、下野流放去了。也因此,他們需要被隱藏、被保護,以免痛苦傾囊而出,使當事人無法消受或是羞愧不能見人。對某些人來說,他的管理者能夠光鮮亮麗,躲在陰暗角落的流亡者也付出了代價。管理者企圖保護這些小我不要太難過,這些流亡者也給了管理者機會去光耀門楣,並且要確保

曾經有過的痛苦委屈和可怕的經驗不再重現，再也不要重蹈覆轍去承受那些痛苦。而流亡者也配合著，隱藏起來了！

管理者有一個「再也不要」的內在提醒聲音，「唯恐」重蹈覆轍，再一次受傷或被人嘲笑。這原本是非常好的節制力量，但是如果在沒有自我的帶領之下，這個美好的節制可能會變成極端嚴厲的管理或自我批判，而成為內在的自苦來源。

這讓人聯想到卡爾・榮格（Carl Jung, 1875-1961）的面具和陰影兩面並存的理論，但是史華茲還提出了「消防員」，而創建了內在系統三分天下的人格理論。

消防員是什麼意思呢？這一類內在小我是當這些被流亡的感覺和經驗無意間被觸動或被引發的時候，消防員會用快速而強烈的方式，讓這些流亡的部分蒸發消失或再度隱藏。換一個角度來說，消防員是另類的保護者，保護整個系統不要被這些痛苦或羞愧的情緒干擾或淹沒。

也可以說，管理者是預防這些流亡的小我再度受到刺激，消防員則是在這些流亡的小我被觸發時，迅速將之逐出消失。

消防員最多見的面貌是突發的暴怒、各種各樣的上癮，還有空白斷線的解離面貌。這種小我雖然有效斷絕了流亡者的負面感覺，卻很可能帶出其他的後遺症。消防員的可能失控，又會引發管理者的高度警覺或加以批判，而在一個人的內在系統裡彼此牽制。

正像是一個熱鬧滾滾的家庭成員彼此之來往互動，因此稱為IFS真是名實相符，其間的觀點更是全然符合系統思維。

管理者和消防員在一前一後的忙著保護流亡者，不要露出腦袋來，殊不知這些被流亡的小我，其實可能很希望得到創傷的歷

史見證。所謂 IFS 的心理治療，其核心工作就是針對這些流亡小我當中帶著創傷記憶之部分加以處理。

以系統思維認識人的內在動力

舉例來說：一位功成名就的律師竟然需要背著新婚妻子儲值手遊，只因他內在有一個需要背著媽媽尋找樂子的「少年小子」。一旦這個小我得到自我的關照，同時也得到新婚妻子的認識和接納，他就不需要把媽媽的嚴格貼在妻子臉上，更不必在情感層面背著妻子向外尋求手遊之樂。

另外，一位初入社會工作的優秀女性說：我不「敢」玩遊戲。為什麼？原來是擔心再度「玩瘋」，她曾在國中時代一度玩得廢寢忘食。在她內心裡面有一個「電競」小我，還有一個「舍監」小我。她對電競有多麼狂熱，那個舍監就有多麼嚴厲。等到她的自我能當家，舍監反而可以放鬆下來。就像家中的媽媽回來了，大姐可以放鬆下來一樣。她告訴自己：「已經長大進入社會工作了，不再是當年那個寂寞失控的少女了！」週末上網小瘋一下，第二天仍然可以準時上班，神清氣爽。實在該給自己按一個讚！

於是，人可以活得更自由，不必受某些小我的控制，更有選擇性和彈性地善用自己的小我，這不是很好嗎？

批判的小我是屬於管理者之列，它們極力發出鞭策或貶低的訊息，唯恐當事人表現不佳又發生不愉快的經驗，像是以前曾經有過的失敗被人嘲笑、軟弱被人欺凌，或成功遭到嫉妒。所以他要力爭上游、表現強勢，還要提防競爭者，真的不能鬆懈。儘管

已經做得很棒了,批判還是要用各種各樣的方式來打擊他、激勵他,甚至羞辱他,以避免再遭到他人的嘲笑、欺凌、嫉妒。這樣的自我鬥爭其實苦不堪言,引發的疲憊、羞愧也常在內心迴盪。

這時,消防員只好出動,不顧一切用麻木、用暴力、用上癮,轉移那些疲憊羞愧的痛苦感覺。於是,當事人躲開了他唯恐發生的事情,卻又引發新的問題,因為消防員的問題又可能啟動了上癮、暴力之後的自責和絕望。

這一連串的小我形成一個內在動力系統,有時並不容易調節改變。用系統思維來看,像是一個班級裡面有些同學在連盟,有些同學在對立,還有些同學在打壓或排擠某些同學。唯有導師管事、唯有父母當家,孩子們才能平安,不用你爭我奪、彼此霸凌,也不用成為親職化小孩,假裝大人。

從 IFS 觀點來看,每一個小我都想要對整體系統做出某一種貢獻,又想跟核心自我有所連結,有時小我與小我之間又會爭取主控權,陷入彼此害怕或鬥爭。

自我需要眼觀四方、耳聽八方地去照顧每一個自己的面向,還要有能力聚焦在自己的某一個小我,肯定安撫並安慰創傷之處。有時候一個人無法完成這些,就需要有專業助人工作者陪伴走上一程,以便他的自我能登上寶座,日後可以自我照顧。

在兒時,成長的歲月中,我們學到必須要把一些東西放到包袱裡去保護,或者把一些經驗隔離開來,讓它們去流亡,這是年紀小時必須的保護過程。長大之後,我們更有力量了,才能夠取出檢視,打開藩籬,走入整合。

自我與小我連結是好的開始,由溫厚的自我碰觸自己的痛苦而得到療癒,這樣的機會值得珍惜,往往能接觸自己內在的豐

富,同時體認了悲傷與喜樂。

往內探討自己的歷程是很有價值的,但有些人帶著恐懼,還不敢面對自己的某些部分,這是需要被接納與尊重的,急不得也,寧緩勿急。唯有等到自我能量足夠穩定強大了,才能面對脆弱,自我療癒。

都是系統惹的禍

他們家裡沒有邪惡的人,只有不宜的舞蹈。
在他裡面沒有不好的小我,只有不妥的互動。
都是系統動力惹的禍,內外皆然。

倘若你從小來自貧窮的環境,又怎樣?沒聽過「有錢難買少年貧」嗎?但是,當兒時經驗裡面的「貧乏感」和不如他人的「自卑感」還深藏在流亡者的角落,未曾見光處理、未曾被自己的「自我」問候過;於是,力爭上游或金錢至上的價值觀主控了內在系統,這是很自然的反應!然而,在工作疲憊或挫折之時,想要喝兩杯放鬆的消防員也很自然地出現,無非是想要揮散那種久違了的孤單無力感。

日子久了,「力爭上游」的管理者、疲憊挫折時候「小獨飲」的消防員、「孤單」的流亡者,就成為一種無傷大雅的群組,共處於一室,在某人的內在。

然而,在沒有「自我」當家的情況下,幾杯酒精飲料下肚把感覺麻木了,強烈的自責卻可能在內在系統中發出噪音,不管是批判自己的工作不夠完美,或是指責自己多喝了幾杯,這樣的內

在劇場也可能在心中重複上演。如果一直不加以處理，有時也會愈演愈烈，或是在較大挫敗發生時走向極端化。

唯有讓自我當家，明君登基，善待上述每一個屬於自己的小我，肯定自己的「力爭上游」，告訴自己已經夠棒了，也謝謝「小獨飲」的安慰效用。更重要的是，能認出「孤單無力」的感覺並不完全屬於今天的工作挫敗，而有其久遠的歷史淵源。

甚至能理解那自責的凶悍聲音背後，也帶著保護的善意。這樣才能漸漸平息衝突、療癒兒時創傷、發現今日的豐足，並能夠安穩下來、發揮創意、活在當下。勤奮工作與喝點小酒不至於變成工作狂、獨飲和自責的惡性循環。

忠誠的察覺內外皆有

「隱形的忠誠」（invisible loyalties）是伊凡・博佐爾梅尼―納吉（Ivan Boszor-menyi-Nagy, 1920-2007）所提出的家族治療重要概念，意思是在一個家庭裡面可能有某一個孩子帶著隱形的忠誠，忠心耿耿地認為自己有一種責任或是虧欠，一定要有某種作為或補償才能心安。

他甚至提出家庭情緒帳簿的概念，有些人可能一直覺得自己有許多虧欠而感到抱歉，或覺得被虧欠而感到不公。一個孩子若有高度忠誠度，往往容易受傷。至於家中有人忠心耿耿地彷彿來還債一般的付出，或是討債一般理直氣壯地要求，這現象在家庭動力裡並不罕見，也值得注意、察覺和處理。

看不見的隱形忠誠，也會出現在一個人的內在系統。執著要完美的堅持、嚴格批判的尺度、保護者的忠心耿耿（無論是消防

員或是管理者），都在內在系統裡展現一種忠誠的堅持度。諮商師會帶領當事人從自我的立場去欣賞和感謝，才能化解這種堅持度所引發的改變抗拒。換句話說，需要體會某一小我的忠誠，同理其動機，他才能放鬆下來。每一個小我都需要被自我同理和疼惜，就像每一個孩子都需要被父母了解和疼愛一樣。忠誠的孩子更需要被理解，忠誠的小我亦然，只是發生在人的內在系統中，有待自我的肯定和疼惜。

系統思維的諮商和心理治療可以從內在跟外在兩個層面進行，家庭會談和 IFS 都可以是很亮眼而有效的系統工作方式。

從自我到真我的靈性

IFS 在靈性層面有很大的著墨空間。有些心理工作者把自我與真我當成同義詞運用，也有些把真我與自我做明確的區隔，認為自我是意識的主體，而真我是整個存在的主體。自我屬於心理層面，真我卻是靈性層面，是可以與神相通，與天地同遊，帶來心靈療癒或內在醫治的效果。所以，IFS 有心理與靈性層面的豐富相連，是個人心理靈修或靈修輔導很好的參考架構。

然而，義大利籍精神科醫師羅貝托‧阿薩吉歐力早已在他的綜合心理學中以下面的蛋型圖描繪其人格概念，這或許可說是 IFS 的靈性理論基礎。在蛋型圖上，除了意識的領域之外，在潛意識中又分出低層、中層和高層潛意識。自我在意識界的中心，而真我是在高層潛意識的頂端。

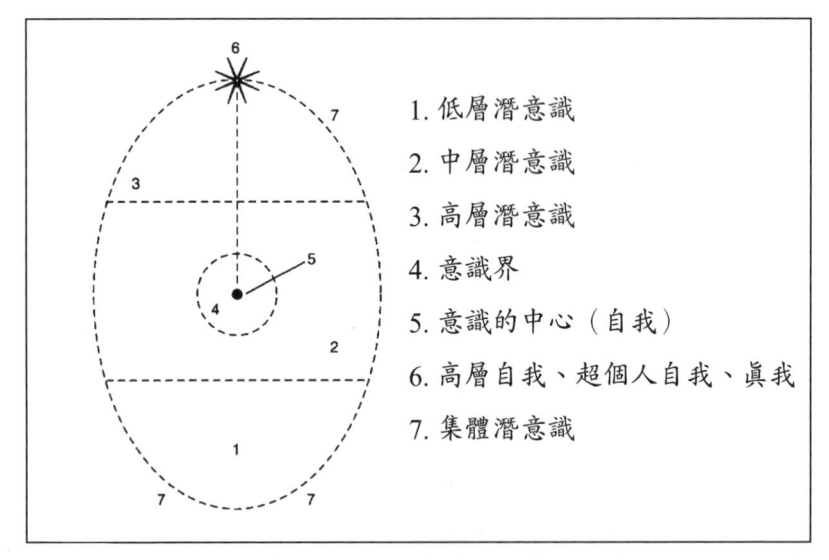

```
                    6
                    ✱
               ╱    │    ╲         1. 低層潛意識
              ╱  7  │     ╲
             │  3   │      │       2. 中層潛意識
             │──────┼──────│
             │      │5     │       3. 高層潛意識
             │    ○─│      │
             │    4 │      │       4. 意識界
             │      │      │
              │  2  │     │        5. 意識的中心（自我）
               │────┼────│
                ╲ 1 │   ╱          6. 高層自我、超個人自我、真我
                 ╲  │  ╱
                  7 │ 7            7. 集體潛意識
```

註：1. 虛線表示該區域的內容能夠與其他區域彼此滲透，例如：潛意識的內容可以進入意識，反之亦然。此外，每個區域也都有擴大及縮小的可能。

2. 引自 https://www.souland.com/gurdjieff/psy/egg.html。

　　阿薩吉歐力的概念與榮格類似，相信人不只是一個有地下室的平房，而有著更高可以往上發展的空間。他以一個譬喻說出了自我與真我的不同：自我如同池中皎潔的月亮，但如果舉頭上望，則會發現靈性真我才是那真正實存的月。自我只是真我的池中映照。

　　低層潛意識充滿了本能的衝動、驅力和生理機械反應，其中也包含許多壓抑下去的東西。西格蒙德・佛洛伊德（Sigmund Freud, 1856-1939）認為，靈性只是壓抑之後的昇華作用，是一種防衛機制。超個人心理學卻可能認為人的本質就是靈性的。自我只是靈性真我的映照影像。

不同的宗教人士對於高層潛意識和真我各有其獨到的詮釋與應用。對心理學家和心理工作者而言，高層潛意識的存在卻擴大了心理學或人格理論的視野。忽略了靈性的心理學，如同沒有了靈魂（psychology without a soul），是一個很大的缺失。

倘若把靈性的範疇也納入心理學的領域，或將心理學擴充往靈性的層面，人在神聖潛意識裡面更能展現藝術的範疇、創意的突破、博愛的心胸、忘我的奉獻等這些美好的價值，也能夠讓宗教的靈修有了心理和人性的基礎。心理學往靈性發展的空間也形成心理學的第四勢力，即繼精神分析、行為學派、人本主義之後的第四股心理學的骨幹和勢力：超個人心理學。

阿薩吉歐力除了提出高層靈性潛意識，也提出真我、自我和次人格的人格觀點，這與 IFS 十分雷同的人格觀，將 IFS 從心理層面帶向了靈性的空間。在諮商工作中，運用 IFS 的助人工作者當然會敏感於當事人的信仰取向，以維專業倫理的界線。

第三部分

系統思維中的心理治療

1960年代,家庭系統理論興起,也帶出了心理治療領域中的新典範:家族治療。狹義的家族治療是要全家一起來或是幾位家人一起來參與治療或諮商,而廣義的家族治療則涵蓋了「家庭重塑團體工作」、「系統取向個人諮商」,以及「內在家庭系統」(IFS)。

　　1980年代,薩提爾的家庭重塑在台登陸,我們兩位(王行和鄭玉英)有大量的實踐,舉辦了無數場家庭重塑工作坊,並將心理劇技巧大量融入,而進行內容及議題豐富的家庭劇場。同時,我們也在返璞歸真心理工作室漸次發展「系統取向個人諮商」的工作模式,並多次開辦訓練課程。

　　近年來,史華茲的IFS逐漸受到助人專業領域的注意和青睞,而家庭重塑與IFS之間的無縫接軌在我看來,益發明顯。記得在返璞歸真工作室結束,我們兩位先後回到懷仁全人發展中心(華明心理輔導中心)服務之時,加拿大籍周慕蓮修女(Sister Huguette Chapdelaine)早已引進阿薩吉歐力的自我整合,用於個別諮商及團體輔導。所以,近年來,當IFS諮商工作方式和書籍在台灣出現時,我有一種似曾相識燕歸來的感覺。

　　第三部分的系統思維諮商工作涵蓋了家庭重塑、IFS,以及內外兼修系統諮商。

5 家庭重塑

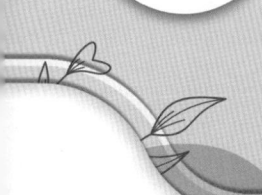

家庭重塑是什麼？

你是否有重遊兒時校園的經驗？如果環境沒有被破壞，你可能會發現同樣的景觀，感覺卻大不相同。當年黃沙滾滾的大操場，如今看來卻是這般的狹窄；從前攀爬的高牆，現在變得又低又矮；記憶中長長的走廊或小道，怎麼一眼就望穿盡頭。是它變了？還是我們長大了？

如果你有離鄉多年、重回故里的經驗，或許你會帶著些許惆悵，除了人事已非之外，故鄉的月似乎不如記憶中的明亮；故鄉的花沒有夢中的紅；故鄉的家不確定有或沒有思念中的溫馨。是它變了？還是我們的眼睛失真了？

家庭重塑正提供一個機會，讓人用長大以後的認知能力與擴大了的視野，來重新回顧和檢視兒時的成長過程與家庭歷史，以形成更新的印象。由於家庭經驗影響我們的自我概念、人際模式和關乎人性的許多重要信念，諸如什麼是愛、什麼叫成功、性別角色的意義等。因此，在成年之後，重新對家庭有個成熟的認知

建構是很重要的事。

一、童年的誇大經驗

小時候，我們對人、對事的經驗往往是誇大的。以前我在從事兒童輔導工作時，一位督導用仰角的方式替我拍了一張相片，相片中的我像是個龐然大物（其實我身高才一百六十公分）。這位督導殷切的希望我記著：在孩子的眼光中，我是如此地巨大。從那次以後，每當我與孩子要做親切的溝通時，我一定會蹲下來跟他們談話，因為我發覺到當我站著的時候，仰角的位置使他們與我距離拉遠了。

孩子很小，他們的感官世界是誇大的，他們會誇大心中的需要、誇大內心的委屈、誇大對人的喜愛，也會誇大地信任所愛的人。而我們每一個人都經歷過這誇大的過程，當慢慢長大以後，漸漸地發現，其實生活中的許多事情不見得有強烈的對比性色彩，而有了中庸持平的智慧。但是，在從誇大走到持平的路途中，一些人生中的重要學習經驗，已經進入我們內心深處，除非我們有機會在長大以後，用成人的眼光重新認識，不然許多都帶著童年誇大的色彩，而自己卻不自知。

孩子的心靈世界，由於還不夠成熟，對於事理的了解常是片面，缺乏周延性與整體性，所以他們心目中對於家庭經驗的知覺無法完整，其中常有扭曲或殘缺不全之處。有時候，基於這些扭曲偏頗的知覺，孩子會產生某些情緒反應，按照當時所持之價值觀做出重要決定，並深植於心田，例如：「爸爸是壞人，因為媽媽好可憐。」「我們家所有的問題，都來自於奶奶。」「如果我們有錢，一切都會變好。」「因為我不乖，他們離婚了。」「我

不重要,奶奶才不肯為我多活幾年。」

這些深植內心的誇大或扭曲經驗,若要加以轉換或除去,往往需要伴隨著非常強大的情緒宣洩和淨化,光是靠理性的認知是不夠的,因為兒時習得這些概念也是伴隨著情緒起伏的。

稚齡幼兒用其有限的能力來了解這個世界,在他的家庭中學習了藉以度過今生的生活規則、價值觀,以及應對壓力之道。這樣子的說法,其實真是如此,並不過分。因而「家庭重塑」用成人的眼光和理解力,重新咀嚼過去在家庭中的學習經驗,是重要的;隨著情緒起伏、擴大認知,並可由不同的角度來重新認識自己和這個家,進而產生新的領悟。

二、尋根探源之旅

家庭重塑是薩提爾在 1960 年代間所創,能幫助人在心靈上與自己家族的歷史相連結,不只是探索一個人原生家庭的經驗,更要探根究源地進入祖父母輩的原生家庭。薩提爾認為,每個人都有靈性的需求,在自己的生命中尋找更大的承載者,而家庭重塑的過程,可以把人引入靈性的境界,感受自己生命的根源,代代相傳的脈絡,頓時融入歷史的洪流,而這正與華人的慎終追遠、飲水思源的精神相通。

家是每一個人的根,誰都不例外。家庭重塑帶著尋根的情懷,更加上家族治療先驅者在家庭系統理論上的智慧結晶,以及角色扮演與肢體雕塑的心理治療技巧之運用,像是開礦一樣,讓人發現自己承自先人及家族的一切,如何匯入自己的人格,成為自己內在豐富的資源。

威廉・奈倫(William Nerin, 1926-2020)是薩提爾的弟子之一,

在其所著的《家庭重塑：探尋根源之旅》（*Family Reconstruction: Long Day's Journey into Light*）一書中指出，家庭重塑對人的基本假設是：

1. 人類生長的過程常具有彼此的共鳴性，像是我們都曾經驗過嬰孩的依賴、渴望、被愛的需求。
2. 人的行為模式及性格主要源自家庭中的學習。
3. 家庭經驗始自幼小，在我們建構對家庭的認知系統時，知覺尚不成熟，也沒有足夠的資訊可供取捨。
4. 人在家庭中的受傷經驗，在長大以後使人痛苦，不是幼年的創傷所致，而是自己以何種眼光再來看待這些創傷。
5. 人生裡充滿了許多問題，但帶給人困擾的往往不是問題本身，而是自己如何面對這些問題。人對問題的因應之道，往往來自家庭中的學習。
6. 人有再學習的能力，可在成年之後對當年建構的舊有認知系統加以重塑。
7. 自我概念的建立與家庭經驗息息相關，當與家庭有關的概念改變時，自我概念也會隨之改變。
8. 在成長的歷程裡，我們需要接受父母也是人，是擁有弱點的人，而不只是個提供照顧的角色。
9. 真正能夠改變的不是過去的經驗，而是現在的自我認知；真正需要改變的不是父母，而是自己內化進來的父母角色；要改變的不是從前的家庭，而是自己在家中學到的習性。
10. 宇宙是按照既定的規則在運作，人生也是如此，但是人常侷限於自己的經驗，因此看不到更寬廣的秩序。

11. 宇宙最基本的規則就是生命力，人與萬物都在此規則下運作。

在薩提爾的治療理論中，「自我價值感」是一個非常重要的核心概念，而奈倫也認為，提高案主的自我價值感是整個家庭重塑的最高目標。所謂高自我價值感，是個體能用尊敬、珍惜的心情來對待自己，而一個人是否能完整地接納自己每一部分，直接影響其自我價值的高低。對於父母，其實他們的一些主要特質，早已內化成自己人格的某一部分。若是我們心中不能接納父母，也可能形成對自己人格的某些部分之抗拒，進而影響自我價值感的發展。因此，能夠真正寬諒父母，才能接納自己，而提高自我價值感。

家庭重塑是在家庭經驗中，透過角色扮演與肢體雕塑，使當事人得以擴充因兒時扭曲的家庭經驗而產生的認知偏差與欠缺，例如：不知責任感為何物，或以為隱忍就是唯一方法，並回溯到父母的童年，體認到父母與自己的平等性，將其視之為凡人，而不是角色。當我們放下舊有的父母權威形象，意識到父母內在的脆弱時，才能在內心中接納父母的有限性。

我們在本土的家庭重塑實務工作中，也歸納出下列七點家庭重塑可達到的治療目標：

1. 修正及補充對於原生家庭的認知，藉以增加自我覺知的範圍。
2. 體認及接納父母的人性，藉以提升自我價值感。
3. 提供機會在家人不在場的情境下進行治療溝通，藉以處理未完成事件。
4. 轉化舊有的行為規則。

5. 解除與父母之間的糾結，增加分化（differentiate）程度。
6. 三代間的聯繫及家庭中重複現象之察覺。
7. 認識自己「內化」的人格特質，藉以整合自己的豐富資源。

以下是兩位生長在台灣的探索者，他們在團體中做完家庭重塑後，記述了自己的過程及感言。

探索者一

從小，我一直認為自己是沒有被父親愛過的女兒，沒有一次他抱過我的回憶，也想不起曾與他親暱過或單獨和他出遊過。在與朋友談起父親時，我總是說他是一座遠山，遙不可及。

在母親口中曾聽到在幾個孩子中，爸爸最欣賞我，但我並不相信。因為在成長過程中，我找不到這樣的痕跡，也想不起他任何的讚美，只有對我批評，說我笨。當然，他也從不懲罰我，給我壓力。他只是一座高大的山，威嚴而沉靜。

在我的眼裡，媽媽是和善溫暖的。小時走在街上，我都挽著她的臂膀，長得比她高了以後，就摟著她的肩。年少時，每次搭公車，我都要用手臂擋開其他人，為她擠出空間來。我不准別人擠到我媽媽，我要保護她。當然，一張張漂亮的成績單更是我博得她開心的最佳工具。

基本上，我對爸爸有點不滿，尤其他會凶媽媽，又從不幫忙做家事。媽媽是燒飯洗衣加上班，爸爸則在客廳與朋友高談闊論，甚至把單身同事的衣服也帶回家讓媽媽洗。端午節媽媽包的粽子也讓他拿去辦公室請客，我心中很不平，因為爸爸的

慷慨建築在媽媽的辛苦上。

　　遠在我出世以前，爸爸曾有幾年時間離鄉在外工作打天下。他走過瀋陽、上海，且在民國三十六年（1947年）渡海，隻身來台。爸爸離家後，媽媽帶著年幼的兄妹、寡居的奶奶，留在東北老家。緊跟著，戰事興起，先是抗日，後是共匪進入了東北。那幾年裡，媽媽飽受驚惶，幾度遷徙，甚至寄人籬下，倍嘗辛酸，只是為了護著稚齡的兄妹，撐著活下去。

　　為了要蒐集資料做家庭重塑，我曾回去和爸爸媽媽漫談家中的陳年往事。談到那一段他們離散的歲月時，一邊聽爸爸眉飛色舞地談他的冒險開創，又一邊見媽媽將那一段辛酸娓娓道來，我突然心頭一亮，有了個嶄新的領悟和發現：在我的個性裡，不正擁有父親的開創和母親的保守個性嗎？它們也常在我的心中衝突。每當我想做些創新冒險的事情或工作時，另一個聲音就會在心中響起，擔心、顧慮、扯我後腿，我很高興認識了自己內在不同的特質，我知道如果處理不當，它們是衝突，會消耗我的精力。但是，如果我能善加整合，妥當地選擇運用，它們是我所擁有的最佳資源。

　　自小，我是那坐在母親腳邊聽她傾訴的小女兒，我分享了她涓涓滴滴的哀怨苦楚，然而我從來不知「遠山」的想法是什麼。片面的了解與童稚的偏執，使我對爸爸有一股怨忿。家庭重塑給了我一個整體觀，使我了解戰亂的離散中，爸爸也有犧牲，也很苦。我仍難過他們的辛苦──雙方的，但是我不再怨尤，完全接納了他們的關係，感謝他們在苦難中育成我們。

　　在家庭重塑裡，我發現我們手足都擁在母親身邊，高高在上的爸爸其實是孤單而負重的。扶持著他的寡母，他也很無

奈。而由孩子散出的那股怨忿，或許也是隔開我們的因素之一吧！

　　導引者在我耳邊的一句話震動了我：「你沒有給他機會去接近你。」「在你邀請他時，同時傳遞了『你不相信他會來』的訊息。」我口中想大叫：「才不是這樣！」但是在心底，有一回響說：「好像是的。」

　　扮演父親的人長得英挺粗獷，恰是年輕時的父親。他那緊閉的嘴唇，眼中閃著的淚水，在重塑過程中，自始至終定定地注視我的眼神，他幫助我看到蒼老之前的父親，一位年輕男性的心與情。我相信父親在過去三、四十年中，也一日未停地關心著他的小女兒，只是他太不善於表達了。

　　對我來說，家庭重塑是個「把愛找回來」的經驗──把對父親的愛找回來。我經驗到我們的父女情，打從最深的心底，我相信了我是個被父親疼愛的女兒，這對我是多麼重要的事。

　　在我的重塑過程中，有一場父母的婚禮。當我看出導引者要安排這一場景時，我覺得荒謬極了，也有一種尷尬的感覺。但是，當充分暖化了的角色扮演者進行婚禮，耳邊響起《結婚進行曲》時，我怎麼也料不到，發自內心的淚似泉湧。成年的我早已懂得什麼是婚禮，知道它是怎樣的一種相互交付和終身承諾。天啊！世上竟有一個婚禮是屬於我爸爸媽媽的。他們曾經這樣年輕過，羞澀而勇敢地踏出這一步，且在這個婚姻中，有了我。在這似幻似真的劇裡，我確知久遠以前，這是曾有過的事。接觸到生命起源的經驗，帶來的震撼真是難以形容，也遠超出我的想像！我覺得自己生命的根，更穩穩地扎下，我對爸爸媽媽說：「我很高興你們結了婚，高興你們生了我，讓我

到世上來走一遭，下輩子我仍願做你們的小孩，請你們一定要記住，謝謝！」

　　祖父母及外祖父母兩方的家庭系統都有嚴重的重男輕女觀念。當重塑進行到母系家庭中，外公因為外婆連生數個女兒而決定納妾時，我發現憤怒充滿我的全身，雖然早就知道重男輕女是文化中的特色，但當我面對我母親生長其間的家庭，那一刻的情緒是真實而強烈的。

　　當導引者要我面對外公說話時，我表達了我的憤怒。導引者指著我問外公：「這樣的家庭後代裡，出了一個這樣能幹而美麗的女孩子，你為她驕傲嗎？」我接過話來，由自己口中斬釘截鐵地說：「我值得你驕傲！」觀眾中爆出掌聲，在重塑中這並不尋常，我聽出那掌聲是情不自禁的喝采，我相信團體中有人與我共鳴。在那一刹那間，一股承自傳統女性的不平和卑下之感幽然消散了。我知道憤怒之火已化成了進取之心，願它堅韌而平和地伴我前行。

　　導引者說：「妳可以永遠不原諒妳的外公。」我卻發現沒什麼不可原諒的了。抬頭看著站在面前的外公，見到他下垂的眼瞼（事實上我從未見過外公），我輕喚一聲：「姥爺。」這是我們東北人對外公的叫法，我想起來他也是我生命中一個多麼親近的人。「姥爺」是多麼甜美的稱呼，我只聽過孩子叫他們的姥爺，我卻從未使用過。我高興自己擁有過一個姥爺，不管他是怎樣的人，他是我媽媽的父親。

探索者二

我，三十出頭的男人，有一份穩定的工作、愛我的太太和一個出世不久的孩子。

常常聽到一些朋友們羨慕我的順利、我的幸運，我也真的很感激我的工作、家人、朋友，帶給我很豐富的生命，可是這並不代表我每一天都快樂。這種豐富和幸福的感受與另外一種空虛和無奈的感覺，其實是並存的。

許多下班後的黃昏，一個人開著車子穿梭在台北市的街道中，面對著繁忙而令人窒息的交通和一張張陌生的臉孔，一股莫名的惆悵和空虛，就會慢慢爬上我的心頭。這種感受好像類似李宗盛所唱的一首歌：「總是平白無故的難過起來，一天又過一天，三十歲就快來，往後的日子怎樣對自己交代。」難道這種空虛和一點點恐慌，就是一個三十多歲的男人所必須面對的感受嗎？在這空虛的感受裡面，心中常浮起一句話來——我從哪裡來？我又要去什麼地方？在內心深處，一直存在著生命的根源，不斷地向我呼喚著。

幾位常在一起探索的朋友，介紹了我認識家庭重塑，它使我想到少年時代看的那部膾炙人口的連續劇——《根》。它是一部美國迷你劇集，改編自艾利斯・哈利（Alex Haley）於1976年創作的小說《根：一個美國家庭的傳奇》（*Roots: The Saga of an American Family*）。作者自稱他經過十二年的考證研究，追溯到他的六代以上祖先昆塔・肯特，一個從非洲西海岸被白人奴販子擄到北美當奴隸的黑人，描述了他在非洲的自由人生活、他和他的子孫在美國奴隸制度下的苦難歷程，以及

這個家族獲得自由後的經歷。記得當時有不少個夜晚，我們全家人緊依在電視機前，而我蹲在母親的腳邊，浸淫在那個驚惶失措的小黑人——孔達·肯特，被捕捉到美洲大陸後，所展開一連串令人憤怒、憐惜，也令人感動的故事。

當時，正值青少年的我，所關心的無非是一些課業上和人際上的困擾。但是，這一部連續劇卻隱隱約約地吸引著我，去探討另一些與我相關且深具意義的主題，那就是我生命的根源。

然而，在當時，對於想要探索自己根源的心，因著升學的繁忙和壓力，慢慢地跟著連續劇的完結而消失。沒有想到十年後，在家庭重塑的活動中，又重燃了我隱藏已久的尋根動機。我想要了解的是在我生命中，我的家庭和所有的成員，他們給了我一些什麼，成就出今天的我。我很想知道我是從什麼地方來的，或許這可讓我更肯定地告訴自己，我要走到什麼地方去。而在實際生活中，對自己想要成長和關心的部分是：

第一：當我面對家中八十多歲的老祖母時，我心中有相當的矛盾。她是一個孤單寂寞充滿哀怨的老人，我對她常感不耐，沒有心力去陪伴她的孤單，傾聽她的哀怨。但更困擾我的是，我又為此自責，而生氣自己沒有盡力去照顧她。

第二：常常生活在忙碌中，似乎總覺得有一股力量，把自己推得團團轉，在工作上，總要把自己用到最後一滴才心甘情願。在每天消耗大量的精力後，又無法拒絕想要再工作的欲念。我是個工作狂（workholic）嗎？我想了解在後面推動我勇猛向前衝的力量是什麼？又有什麼使我煞不住車？

在一個週末的夜晚，我與我的家庭重塑導引者做了第一次

的晤談。我們幾乎花了兩個多鐘頭的時間，他非常細心地陪著我一起畫出我的家庭關係圖。圖中包括父親的家、母親的家、我成長的家，以及我和太太所擁有的這一個家。家族中的每一個成員，他的出生死亡、他的特質和他所經歷過的一些重要事項，我們都仔仔細細地把它記載下來。中途，有好多地方，我發覺自己從來沒有真正仔細地關心過。而透過一張紙和幾枝彩色筆，卻將這些我從沒有注意到的部分給塗了出來。在我集中焦點注意它們時，才發現原來這些地方居然也深深地影響了我，成為我生命中的重要部分。

　結束會談後，我一個人在夜裡開車回家，我發覺自己的口中正不知不覺地哼著高中時常與玩伴們唱的一首英文歌，歌名叫《我有了一個名字》(I Got the Name)。它的歌詞有一段是這樣寫的：「就像是一棵棵的松樹蜿蜒在鄉間的道路上，我擁有了我的名字。」是的，我當時的感受就像是這樣。

　還有什麼比擁有自己的名字這種感受更為滿足和肯定？所謂名字，它不但代表我的生命，也代表我所來自源遠流長的根。我發覺還沒有真正進入家庭重塑，而只做了行前作業，心中已經充滿平靜和滿足，有一種自己很完整的感覺。

　進入家庭重塑的過程，當我在二十幾個人面前攤開我的家庭關係圖時，內心充滿著羞澀與不安。但是，當我看到每位成員都帶著好奇和尊敬的態度時，我也擁有一些自豪和肯定，心中的話好像是：「瞧！這就是我和我的家。」

　當導引者利用角色扮演的方法，帶領著我進入祖母的生命時，一幕幕塵封已久的歷史，開始栩栩如生地揭開了。我看到一個十六歲的少女，用害羞的眼光偷偷地望著她生命的依歸

——一位年輕瀟灑的男人。這一幕使我怦然心動，我突然意識到，原來祖母也曾年輕過，有她的幻想，有她對愛的渴望。

然而，這位少女卻在她青春奔放的年歲裡，步入一個嚴謹的大家庭，成為傳統大家庭的媳婦。所有的幻想和情懷都變成了生活中的責任和重擔，而長年奔波在外的先生，則使她多了一份孤單與寂寞。他們的第一個孩子不幸夭折，更加深了她的惶恐和哀傷。此刻，我深深地了解到祖母曾有許多未圓的夢、未了的青春，深藏在她內心的深處。也無怪乎，在她步入生命的最後階段時，常是那麼失望與不滿，她實在需要更多的愛與關心。

在顛沛流離的歲月中，她經歷了大時代的變遷和戰亂。我一向以為這些戰爭和分離，只是屬於歷史課本和考試分數的。我從來沒有那麼深刻地體驗到，原來這牽繫著每一個中國人的歷史，也在我個人及家庭裡具有重大的影響力。

年輕的祖母隻身帶著子女們隨著政府遷台，在決定遷台的那一刻，導引者帶領我進入父親的內心世界。我看到了一個也正值青春年少的孩子，充滿著壓力和矛盾，似乎因為子代父職，而失去太多在他這個年齡應有的歡樂與夢幻。在那一刻裡，我完全懂了父親。從我的心中，我體會到父親的生存法則，那就是：「唯有能力和成功才能證明生命的價值。」在我濕潤的眼框中，我體會到父親所擁有的成就是多麼得之不易，是多少辛苦換來的。我心疼、尊敬，也感激他的辛苦，因為他的辛苦，創造了一個自信而願意努力的我。

同時，我意識到，自己也是用不斷地工作，換取各種各樣的肯定。雖然我沒有經過父親的苦難和沉重的責任，但是他的

生存法則，也默默地複印在我身上，使我像一個旋轉的陀螺，不停地轉動，唯恐不能發揮更大的力量。體會父親的生存法則時，對自己也多了一份了悟。

坦白地說，家庭重塑並沒有使我戲劇性地改變。可是，有一次我與祖母走在家附近的巷子時，她唐突地一直盯著一位漂亮的年輕小姐看，我當時從心底浮出的感受不再是嫌惡不耐或憤怒，而是有無限的感動從心中湧出。因為我看到的是一個年老的女性，走在她生命的盡頭時，仍不能忘懷自己所逝去的青春。她的眼中有羨慕也有欣賞，她認識那青春，因為她也曾擁有過。

我深信：凡走過的路，必會留下痕跡。的確，我們家族曾經走過的每一步路，都在我的身上產生了影響。有機會能夠將這條路重新再走一遍，這就是重塑之旅。

做完家庭重塑之後，我面對襁褓中的兒子，想對他說的是：「孩子，爸爸能夠給你的就是我真實的全部，這些都來自古老的中國裡，我們的家族，也是你的根。這個根源會使你活得更踏實、更肯定。如果你能夠學習著去咀嚼這根源的每一個細節，而接納它，將是你生命中無限的寶藏。」

由前面兩位探索者的心情，很難不有感於中國的歷史多艱辛，雖然我們這一代生長在平安的土地，然而上一代大環境的分崩離析，深刻地烙印在每個中國人的內心深處，透過家族血脈的繁衍傳承，默默地影響著眾多炎黃子孫。我們經歷諸多中國人的家庭重塑，深刻地體驗到大環境的脈動對人格的影響，以及中國人獨特的愛與苦。

家庭重塑的方法

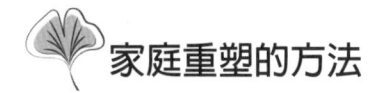

家庭重塑是採用團體工作的方式進行，我們採取的形式是每週一次、每次三小時，或連續三天兩夜的工作坊；人數以二十至三十五人為理想範圍；年齡則以成年人為限，兒童與青少年不適合做家庭重塑，因為他們仍然在被塑階段，尚未完全發展出獨立思考及判斷的能力，無法將重塑過程中的經驗充分整合起來。

在將近四十小時團體工作的心靈旅程中，會有一位探索者完整地進行重塑工作，也會有幾個成員有機會進行個人性小型治療工作，而每位成員都可以透過各種的體驗性活動，以及分享和討論的過程，有系統地整理自己的家庭經驗。團體中會產生一位探索者，我們會用角色扮演與肢體雕塑的方式，將他的家庭經驗立體地呈現出來，這常是整個工作坊的高潮。大家不只可觀看他的家庭發展，還可能扮演他的家人參與其中，體驗動力過程，認識家庭系統的奧妙。

探索者的產生必須是自願的。一般來說，會有意願參加家庭重塑，並且願意成為二十幾個人注目的焦點，多半是有極強的成長動機，以及探索自己的盼望。或許他們已發現目前的人生困擾或難題，與自己在原生家庭的經驗有關，因而更想回溯原始的家族脈絡，以了解自己生命的源頭，藉以認清在目前困擾中，自己的應對方式有無修正空間，對目前問題之處理上，自己擁有什麼來自家族資源能力可以運用。

當我們為一位探索者做家庭重塑時，我們並不接觸家庭中的真實人物（這是與家族治療最大的不同），而是透過角色扮演者，配合著肢體雕塑與角色扮演過程，使時空倒轉二十年、三十年、

四十年，甚至八十年。用演劇方法，象徵式的處理家庭系統，其優點如下：

1. 一個人在做家庭重塑時，面對角色扮演者，要比面對眞實家人更能直接、坦率及充滿情緒地表達自己。如果做家庭重塑的人（我們稱之爲探索者）之父母眞實在場，他可能在心中會受到威脅而畏縮，以致於他的思想、悟性及自我表達都會受限或凍結住。若要有所突破，必須能讓探索者自由地看清和處理家中的情況——至少是探索者所主觀知覺的狀況。事實上，影響當事人的，正是他主觀上對現實的知覺，而不見得是現實本身。

2. 探索者的家人也許有某些心裡的話，一直沒有向探索者充分表白，而家庭重塑中的角色扮演者，因爲不像眞實家人那樣固著於行之多年、習以爲常的心態，所以反而能揣測所扮演家人心中的感受、想法、渴望，更充分地加以流露出來；對探索者而言，發現家人掩藏未露或自己以前沒有體會到的部分是極具重要性的。

3. 當然，角色扮演者能代替無法出席的家人。

4. 藉著角色扮演，可以設置探索者的原生家庭，以及他的父系和母系家庭。他的父母就是分別在其中學到某些行爲模式，而帶入婚姻，並養育了探索者。在幫助探索者了解家族中代代相傳的行爲模式上，這也是關鍵性的過程，能帶來有力的衝擊，也往往能促使探索者的改變。

肢體雕塑與角色扮演

當我們從事家庭重塑的工作時，常常覺得自己是在伴隨著探

家庭重塑 5

索者進入一條神祕而冒險的旅程,雖然一切都在虛構的場景與角色扮演中進行,但參與其中的人大多都投入了眞實的情感,而探索者更是融入其中,彷彿眞的置身於歷史洪流裡。

我非常驚嘆許多的角色扮演者,在經過暖身後,擁有相當高的自發性與想像力,他們耐心地體會和眞摯的態度,勝過了職業演員。探索者藉著這些角色扮演者的體驗,擴充了對自己家庭系統的認知範圍。探索者若有機會參與角色扮演,去體會在自己家族中任何一個其他角色,都有助於他本身意識範圍的擴大。

另外,在重塑的過程中,會運用許多肢體雕塑的方法,來傳遞各種不同的內在心理狀態,或人際互動模式,這是一種非常具有威力的技巧,它能夠刺激探索者的知覺系統,並且直接由身體引發內在的深層感受,同時還可以幫助其他成員,很快地了解及同理當事人的心境。

由於在家庭重塑的探索過程中,大量地使用角色扮演與肢體雕塑的技巧,因此許多人都把它與心理劇相提並論。作為工作夥伴的我們,在這些年來,一面從事家庭重塑工作,一面也帶領心理劇團體,我們花了不少工夫比較其中異同,甚至有一段時間我們把心理劇導得像家庭重塑,把家庭重塑做得像極了心理劇。另有一段時間,我們刻意地把家庭重塑與心理劇嚴謹地劃分,彼此井水不犯河水。多年之後,我們不得不承認,它們二者的風貌確有相當類似的地方,然而基於治療理念的不同,因而在過程中的臨場判斷,以及最後的治療目的也大不相同。但是,從事家庭重塑的治療者若是能熟悉心理劇的技巧,就更能將歷史的氣氛烘托出來。反之,心理劇的導演若有家庭重塑的知識架構,就更可充實劇情的治療性效果。以下的表格可以比較出心理劇與家庭重塑

的差異性。

　　心理劇以一個即興出現的主題為前導，藉以切入主角的心靈及所處情境；家庭重塑則以家庭歷史為出發點及藍本，在其中遊歷探索，力圖家族的全面性，在完整的脈絡背景中，見到一個人格特徵的形成及個人的行為模式。心理劇不圖全面性廣度，卻聚焦在一個點上切入及謀求突破。

　　在此將心理劇與家庭重塑這兩種工作方式，列表比較如下：

項目	心理劇	家庭重塑
創始人	莫雷諾（J. Moreno）	薩提爾（V. Satir）
理論基礎	角色理論	家庭系統理論
使用技巧	設景、角色扮演、具體化等技術繁多	角色扮演 肢體雕塑
結構	即興演出，結構性低	結構性高
主題內容	當場決定主題方向	以家庭史為藍本
主角	現場產生	可以事先安排
所探討之有關時間	兼具過去、目前、未來場景	回溯過去為主
目的	提高自發與創意 開通主題困境	看清家庭脈絡 轉化家庭規則 整合自我

家庭經驗的資料蒐集

　　在一個家庭重塑的團體中，無論是探索者或是其他的成員，都可以藉著相關的資料蒐集活動而受惠，或是激發新的感觸，或是得到新的領悟。有些朋友透過紙上作業分析自己的家庭動力，

找出自己的生存法則；有些朋友驚訝地發現某些痛苦的經驗，在兩代家庭中重複地出現；也有些朋友透過與他人的分享，想起了一些早已忘懷的記憶；更有些朋友，發現所知資料殘缺，興致勃勃地回家找長輩探詢更多的資料。我曾不只一次聽到有人因為資料蒐集的需要，第一次與父母融洽地相處，聆聽他們的前塵往事，調整了彼此的距離。

一、家庭關係圖

在家庭重塑的過程中，三個家庭關係圖是最重要的工具與藍圖，包括了：自己生長的「原生家庭圖」、父親生長其中的「父系家庭圖」、母親生長其中的「母系家庭圖」。製作時，可列出所有人的出生、死亡、結婚、離婚的日期。如果日期不詳時，可猜測推想一番，並在日期之後加上一個問號。在每一個人的旁邊，列出幾個形容詞，描寫你心目中的他；也可以像下面的例子一樣，描述出親子之間的關係。圖中要包括每一個家中的成員，例如：祖父母、廚子，還有奶媽等。

在畫完家庭關係圖後，可以分別對三個家庭提出下列幾個重要問題，並回答之：

1. 在這個家庭中，誰最有影響力？
2. 在這個家庭中，誰最辛苦？
3. 在這個家庭中，誰最被忽略？
4. 在這個家庭中，誰與誰最相似？
5. 在這個家庭中，我（父、母）學習到什麼應對之道？

家族歷史與心理治療
（第四版）

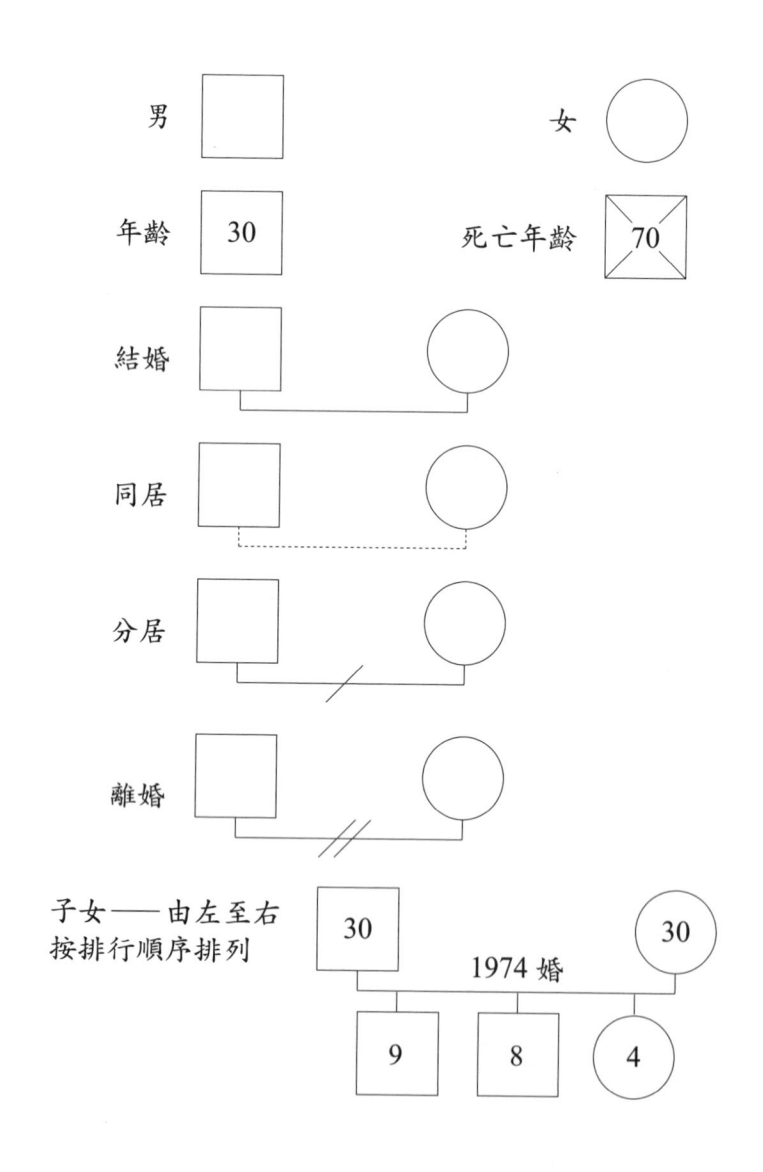

男　□

女　○

年齡　[30]

死亡年齡　[⊠ 70]

結婚　□—○

同居　□---○

分居　□—/—○

離婚　□—//—○

子女——由左至右
按排行順序排列

[30]　1974 婚　[30]

9　8　4

家庭關係圖的標記意義 1

76

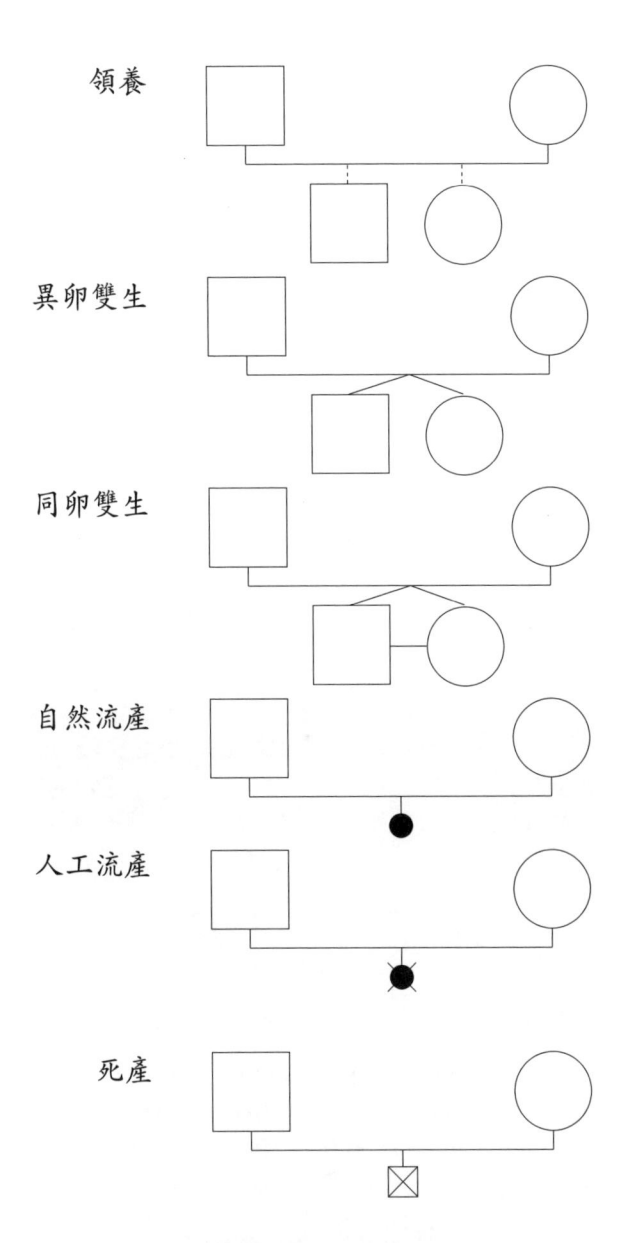

家庭重塑 **5**

領養

異卵雙生

同卵雙生

自然流產

人工流產

死產

家庭關係圖的標記意義 2

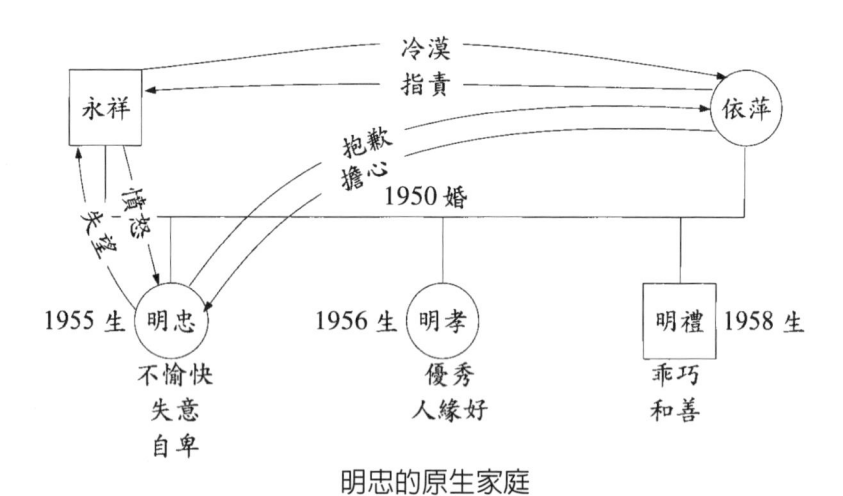

家族歷史與心理治療
（第四版）

明忠的原生家庭

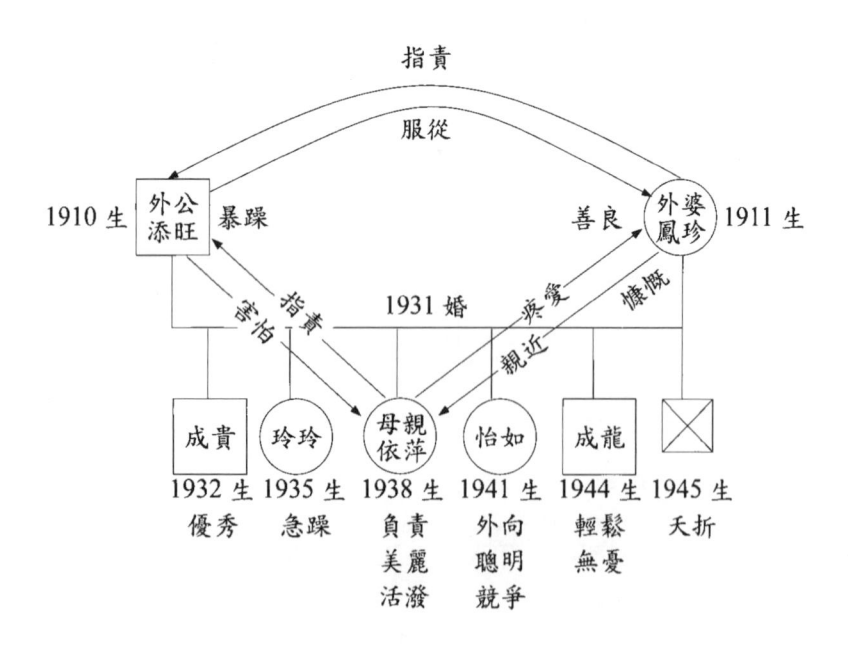

永祥 ──冷漠/指責→ 依萍
永祥 ←抱歉/擔心── 依萍
1950 婚

永祥 →責激→ 明忠
永祥 ←失望── 明忠

1955 生 明忠
不愉快
失意
自卑

1956 生 明孝
優秀
人緣好

明禮 1958 生
乖巧
和善

明忠的母系家庭

外公添旺 ──指責→ 外婆鳳珍
外公添旺 ←服從── 外婆鳳珍
1910 生　　　　　　　　　　　1911 生
暴躁　　　　　　　　　　　　善良

1931 婚

外公→害怕/指責→母親依萍
外婆→疼愛/親近→母親依萍
外婆→慷慨→

成貴	玲玲	母親依萍	怡如	成龍	☒
1932 生	1935 生	1938 生	1941 生	1944 生	1945 生
優秀	急躁	負責 美麗 活潑	外向 聰明 競爭	輕鬆 無憂	夭折

明忠的母系家庭

78

家庭重塑 5

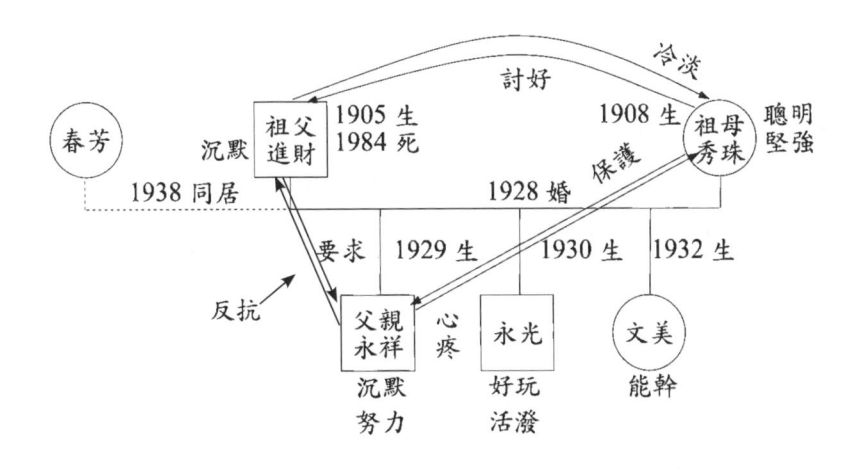

```
     討好                冷淡
春芳   祖父  1905生    1908生  祖母   聰明
     進財  1984死           秀珠   堅強
     沉默          保護
  1938同居      1928婚
      要求  1929生  1930生  1932生
  反抗
       父親        永光    文美
       永祥        好玩    能幹
       沉默        活潑
       努力
```

明忠的父系家庭

二、家庭年表

　　列家庭年表時，是要由祖父母出生的那一年開始，一直到現在，包括家中發生的事件、史實，以及它的日期。大事記中要包括所有你覺得可以解釋今天「你何以為你」的一切有關事件，以及它的發生時間。也許你不明白某些事件怎麼能夠解釋你之所以為你，但是，如果你隱約地感覺到某事件跟你這個人的成長，有某種相關的時候，你就把它列下來，例如：某個家庭的故事或傳聞可能非常重要，因其中的說法影響了我們，而我們以某一種程度遵從。這個年表所包括的不只是出生、死亡和結婚的日期，還包括生病、轉學、失業、成功、失敗的紀錄。而當時世界的情況，也在一個人的形成上，扮演某種角色。

　　許多探索者在由父母或其他活著的親人身上蒐集資料時，都

有非常精彩的經驗，這個工作經常將他與父母、親人的關係拉近了一些。父母和親人在被問到他們生命中的事件時，往往顯得非常高興。

家庭年表可以分為三個部分：父系家庭、母系家庭、自己的原生家庭。家庭起自父親和母親開始認識和約會的時候。當某一個事件跟日期不能確定而是出於你的猜想時，就在它的旁邊打上一個問號。家庭年表範例如下：

母系家庭

1890　外祖父出生
1908　外祖父娶外祖母
1911　大姨媽美如出生
1912　二姨媽貞如出生
1913　三姨媽英如出生
1914　母親筱如出生
1915　外祖父納妾秀姿，外祖母生活陷入愁苦
1938　母親出嫁
1947　外祖父病逝

父系家庭

1889　祖父出生
1912　祖父娶祖母安祥
1913　大伯父出生
1916　姑姑出生
1918　祖父決定父親與母親指腹為婚
1918　父親出生
1923　祖父過世，祖母開始長達四十年守寡的生涯

原生家庭	
1938	父親和母親結婚
1939	大哥出生，三個月後病死，媽媽哀傷逾恆
1940	父母遷往上海
1949	大陸淪陷。全家渡海遷台，伯父和祖母深陷大陸
1949	母親再度懷孕，但因遷徙勞頓，胎死腹中，是一男嬰
1950	我出生於新竹
1952	妹妹出生
1965	到台北念高中，首次離家在外住宿
1968	聯考失敗，十分失意，補習一年極其痛苦
1969	考上大學
1974	祖母病逝
1976	開始教書，認識妻子
1978	結婚
1983	生了兒子

三、走訪兒時故居

在家庭重塑的過程中，除了重視史實的呈現，其實更重要的是當事人的想像力與潛意識經驗所交織而成的主觀世界，因為這個世界遠比客觀的真實更影響到人的心靈。在家庭重塑工作坊中，會用許多的冥想與催眠式的語言刺激當事人的直覺，激發其豐富的想像力，走訪故居及父母童年幻遊即是例子。

「想像你回到了童年居住的老房子……，在你的眼前，你看到了那棟房子的大門，留意到那個門是什麼顏色的。你打開門，瀏覽一下你周遭的環境，聞一聞在這裡的空氣氣息……，也許你的視線會被房子周遭某一個特殊的景物所吸引，也許你看到一棵樹，或是一道圍牆……。你再度把你的視線放在這棟

房子的大門上，你走進了這道門，而你看到房屋裡面的擺設，你瀏覽室內的家具，留意到那些家具的顏色和質地，這是你度過童年的一棟房子，這是你度過童年的地方，這裡有你走過的痕跡……。你看到一個小孩子向你走過來，他是屬於某一個特定的年齡，跟你同樣的性別，你看不太清楚他的臉，他的臉孔由模糊而逐漸清晰起來，你發現到那是童年時候的自己。你用溫柔的眼光看著他，留意到他穿著的衣服，留意他有怎樣的髮型，看他正在做什麼？他的周圍可有什麼人？在這棟房子裡面，他經常會聽到什麼樣的聲音？別人怎麼稱呼他？……而你會給你自己一個許可，許可自己靠近這個孩子，你會伸出你心靈的手，觸摸他的頭髮，跟他共處片刻……；你會願意聽一聽他的心聲，以及他在這棟房子裡的感覺，在這世界上沒有一個人比你更了解這個孩子，沒有一個人比你更認識他，而你會給自己幾分鐘的時間，接觸他的心靈……，聽一聽什麼事是這個孩子所盼望的，什麼事是這個孩子心中所害怕的，他好渴望能夠……，而在他最害怕的時候，他會……。你會在你的心底找到幾句話是你想告訴這個孩子，也許你會告訴他：你好欣賞他的什麼，你也會願意告訴他，你心疼他的……。再一次瀏覽這個孩子居處的環境，你會體會到他是多麼獨特的一個孩子，而用他獨特的方式在這裡成長，你認識他的甜蜜時光，也認識屬於他的壓力。你將要準備離開這個空間，但是你知道這個孩子就住在你的心底，任何時候只要你願意，你都可以在你的心靈深處，那個神聖而祕密的地方見到他，與他共處，而已經長大了的你，早已學會怎樣照顧他、愛護他、聆聽他和領導他……。」

出生的冥想，不是為了記錄出生的史實，大多數當事人都是在極有限的資料中，加上豐富想像力，構成一幅出生畫面。從這些投射中，我們可以了解當事人的自我概念、對父母的基本感受，以及基本生存法則。我們會鼓勵成員們將冥想的經驗畫在紙上，再進行分享。

四、父母童年幻遊

打從我們出生與父母初見時，他們就扮演著父母的「角色」，所以我們不習慣將其視為「人」。而在家庭重塑的過程中，我們可以藉著幻遊及角色扮演，經驗到父母在還沒有成年前、尚未成為我們的父母以前，也曾經有過的年少時光。

「當我看到年幼的父親（角色扮演者），單獨離開家鄉，懷抱著無限的恐懼及盼望時，我的眼眶濕潤了⋯⋯。」

「在扮演母親時，我體會到成長在一個大家庭的無力與混亂，我真想早一些離開這個家，或許遠方會有我期待的夢想⋯⋯。」

在重塑的團體裡，我們常可聽到這樣的分享。當為人子女的體驗到父母也曾為人子女，心中往往是百感交集，有人因此感傷，有人因此失落，也有人因此寬諒，殊途同歸的是認識了父母原來也有其脆弱及幼小的心靈，而不只是「角色」而已。

「當音樂響起的時候，想像在你的眼前看到一隻蝴蝶⋯⋯，你看到那隻蝴蝶翅膀上的花紋，是屬於你最喜歡的那一

種色澤，你允許自己的心神隨著這隻蝴蝶飛揚起來……，而你的心神也隨著耳邊聽到的音樂飛揚起來，你心靈的眼睛所看到的蝴蝶愈飛愈高，你的心神亦隨之起飛，而這隻蝴蝶振動著牠的翅膀，直直地飛向一個特定的地方……，那是你父（母）親的故鄉。也許那就在不遠的地方，你的心神隨著蝴蝶越過了一些山、一些河，而走到了這個特別的地方。這是父（母）親的故鄉，也許那是個城鎮，也許那是個海港，也許那是個鄉村，在這裡你的父（母）親度過童年的歲月……。你的心神跟你心靈中的蝴蝶一起冉冉下降，慢慢地落在地上，你留意到此刻你置身於一個怎樣的空間……，這裡冷嗎？還是非常炎熱？這裡光亮嗎？還是有一些黯淡？你會聞到這個地方有什麼特殊的氣味？……耳邊有十分吵雜的聲音，還是十分安靜？……這是父（母）親的故鄉……，你將會看見一個小男（女）孩，那是童年時的父（母）親……。在許多年以後，他會長大，成為你的父（母）親……，你的眼前慢慢地看到一個小男（女）孩，屬於某一個特定的年齡，你漸漸地看清楚他的輪廓、他的五官，他是一個怎樣的小男（女）孩……。你慢慢地靠近他，准許自己可以接近他，你會定神看看他身上穿著怎樣的衣服，他的腳底下可有一雙鞋？……身邊的人怎樣對待他？……在這一個年齡的男（女）孩的心裡，什麼是他的夢想？什麼是他所盼望的？在這個環境裡面，他學到了什麼？他都用怎樣的方式度過這裡的壓力和期望？倘若生活中有他所害怕的，那會是什麼？……倘若生活中有讓他快樂的，那會是什麼？……用你心靈的眼睛，靜靜地看著這個孩子，用你的心靈靠近這個孩子的心，你知道在許多年以後他會離開這個地方，長大，學做一個男

（女）人，成為你的父（母）親……。留意此刻你心中的感覺是什麼？當你接近這個孩子的時候，找一兩句你想對他說的話……，在你心裡輕輕地告訴他……。留意當你用你心靈的手握著他的手時，你的感覺是什麼？……你想對他說什麼？當你握著他的手時，你會試著去體會在這個環境中他經驗了什麼？……而在他的生命旅途當中，他學習到用怎樣的方式去快樂、去承擔、去思考、去愛……，在這個環境裡面，誰給過他最大的溫暖……、誰給過他最大的壓力……。當他瞻想未來時，他可曾想過有一天將成為一個丈夫（妻子）和父（母）親……。你要準備離開這個地方了，在離開之前，你會再度留意周遭的環境，以及這個孩子的處境，你會默默地告訴自己：我會再回來的，會再回到父（母）親的故鄉，來探望這個還沒有成年以前的孩子。倘若下一次當你來的時候，你可以帶一個禮物送給這個孩子，你會願意帶一個怎樣的禮物送給他，把這樣的念頭默默地存在心中，你準備跟這個孩子說再見了……，你的心神將隨著在一邊等待你的蝴蝶飛回，飛回到我們當中來。……」

雖然在認知的層次上，我們都「知道」父母也曾經是個孩子，但是卻無法經驗到這個事實。透過幻遊的帶領，當事人進入並非父母真實的故鄉，而是在潛意識中心靈最深處的根源。

在幻遊的活動中，當事人往往可以碰觸到對父母的心疼和憐惜──他們只不過是個孩子啊！而在心理上把父母全能的形象慢慢地轉變。對於某些人來說，這是一種失落的經驗，開始意識到自己的長大，更需負自己人生的責任。

五、內在的小孩

其實不管年齡有多大，在我們內心深處永遠住了一個孩子，就像任何一位成長中的個體一樣，這個孩子需要生機、需要安全、需要關懷。然而，我們內在孩子的發展常常停滯在受到創傷的階段，縱使外觀已經茁壯，內心深處依然深藏著痛苦，像是頑固的舊疾纏身，每當外在壓力加大時，內在的小孩便隱隱作痛。

有人內心藏著的是一個「被忽略的小孩」，在最需要照顧的年歲中，失去應有的權利，永遠懷著一份渴望，也永遠帶著極大的不安，走在人生的軌道上，經常性的空虛感，常常讓自己茫然不知所措。害怕獨處，又擔心造成別人心頭的負擔，對他人有份不切實際的期望，也有份過於偏激的失望，使自己的心情不斷地在兩極的矛盾中擺動。

有人內心藏著的是一個「被拒絕的小孩」，似乎有著最自發的需求，會帶給他人極大的負擔。在罪惡與委屈的雙重情結下，毅然決定自己從此不再索求，只要否定自己擁有需要，就永遠不會感到痛苦，咬著牙，用雙腳走入自己的人生，當自己的心門封閉後，雖有份孤寂，卻不再受創。

有人內心藏著的是一個「被過分要求的小孩」，在自己的人生旅程中，前方永遠有一個無法達成的目標，提醒著自己有多糟，不管自己做了多少的努力，還是擺脫不了低自我價值的心境，強迫性的求全個性，造成本身及他人極大的壓力。

有人內心藏著的是一個「被虐待的小孩」，扭曲了自己，也扭曲了人生。

有人內心藏著的是一個「被溺愛的小孩」，永遠需索無度，難

填心中的空虛。

有人內心藏著的是一個「被利用的小孩」，早就喪失童年的天真，而在壯年時即已燈油耗盡。

而這些人可能成為我們的父母，當他們還是一個受傷的孩子時，卻被賦予天職，帶領孩子成長。有些父母也藉著帶孩子的過程成長了許多，尤其是那些勇於走出自己人生的路、生氣勃勃的孩子，給了父母極大的挑戰，同時開始認真地去認識這個孩子，也發現自己內在的孩子。相反的，那些對父母缺乏信心的孩子，深怕父母受傷而刻意地加以保護，凡事順從，父母安然地照「規矩」過了一生，卻無法成長。

家庭重塑的過程，能使我們在認識父母內在的孩子後，開始思考成長的責任，選擇自己的人生。

當家庭關係圖、走訪兒時故居、父母童年幻遊的活動完成後，一個重塑的團體已經開始浸淫在時空的移轉中，對自己的根有強烈的探索欲，而此時正是遴選探索者的最佳時機。

一場大團體中的心理治療：重塑之旅

珊如算得上是個漂亮的女孩子，兩個大眼睛骨碌碌地轉，透出靈慧的眼神，在團體活動中不時看到她濕潤的眼睛，知道她有顆善感的心。踏出校園以後，珊如已經開始在自己的專業領域裡發展，滿懷信心也贏得同道的許多讚賞。她精明幹練，嘴角透露著堅毅，甚至帶著幾分倔強，身邊早已有相知多年的男友，即將步入結婚禮堂。然而，在距離婚禮只有兩、三個月的時間，她的心中卻激烈地響起了打退堂鼓的聲音。她發現自己心中有一種無

以名之的恐懼感，對於即將離開父母、為人妻子，她有極大的抗拒及不願。她小心地檢視自己「是否與未婚夫之間有了什麼問題」？然而，她很肯定他倆這三、四年來的相互扶持與交往，知道問題並不出在他們之間的愛情上，於是她想深入到自己成長的過程中去一探究竟。

珊如有一個非常愛她的爸爸，他對孩子的要求相當嚴格。她是五個兄弟姐妹中最有機會跟爸爸接觸、也是爸爸出門最願意帶著的孩子。

　　珊如（用很幽默的方式）：「我爸爸是商人，如果他有交際應酬的話，通常不會帶我媽媽去，而是帶我去。比如說參加同事的婚禮、同事請客，或者去長輩家裡。」
　　導引者：「你們家有五個兄弟姐妹，何以爸爸會先挑妳呢？」
　　珊如：「因為我最能吃。」
　　導引者：「還可能有第二個理由嗎？」
　　珊如：「因為那個都要包紅包，為了顧及經濟效益，所以他要挑選我，因為我平常都會挑最貴的菜吃。」

一、陳年往事的追憶

　　但是，爸爸常給珊如一個不快樂的感覺。她描述小時候孩子們都對爸爸充滿敬畏，每當聽到爸爸的摩托車聲音靠近時，幾個孩子便會跳起來收拾房間，躲到自己的書桌前以免受罰。爸爸對媽媽有時會露出不滿、不屑和忌妒的態度。

珊如：「我媽媽很聰明，爸爸有點忌妒她。」

導引者：「媽媽是怎麼個聰明法？」

珊如：「媽媽不需要用功念書就可以考班上第一名，聯考的時候只要帶一枝筆就可以上考場了，而且都考得上。我認為爸爸可能有點忌妒媽媽的聰明，但是爸爸又不屑媽媽。他不屑媽媽沒有把她的聰明施展出來。」

導引者：「爸爸會怎麼說她呢？」

珊如：「國小老師，窮酸匠的工作，跟我們做生意的人不一樣。」

導引者：「聽起來爸爸對媽媽的感受還滿複雜的。」

珊如：「而且我媽媽的感覺很遲鈍，跟人滿疏遠的。雖然她讀書很聰明，但是情感的反應非常遲鈍，所以當爸爸拉開嗓門罵人時，媽媽對他又是生氣、又是討好、又是憐惜的。爸爸很會挑剔，嫌媽媽煮菜煮得不好吃，為這個問題已經吵了很多年，甚至於當我們的面打她，但是媽媽一直憐惜爸爸從小環境不好，又缺乏母愛。」

在敘述父母之間的事情時，珊如的大眼睛裡閃著淚光，盯著掛在牆上的家庭關係圖看，像是在追溯記憶中的往事，也透露出對爸爸媽媽的疼惜。

二、手足之間

導引者：「告訴我一些你們家兄弟姐妹之間的故事好嗎？」

珊如：「我們家兄弟姐妹滿競爭的，從小出去人家就會問妳是考第幾名的。以前在我們鎮上，學校裡的座號都是按照成

續排的,如果是五十六號,就表示第五十六名,所以我們的座號每一學期換一次,代表著你的名次。我妹妹是一號,我姐姐是三號。」

(觀眾大笑)

導引者:「妳呢?」

珊如:「我通常是三十幾號。」

導引者:「有那麼優秀的姐妹給妳的感覺是什麼?」

珊如:「我覺得妹妹給我的威脅比較大,因為她跟我只差兩歲,我們都穿同樣的衣服、學同樣的東西。在學習的過程中,剛開始我都會贏她,但是過了一段時間,我就一定會被她迎頭趕上。奶奶每次都說我笨,要我多跟妹妹學學,他們都說我為什麼學得那麼慢。」

導引者:「天底下最倒楣的就是有一個優秀的手足,而妳有兩個。當你們家的小孩,壓力不小,父母對你們的期望也很高。珊如,妳是怎樣達成這些期望的?」

珊如:「小時候,我覺得我永遠都沒有辦法達到他們的期望,那時候我會花很多的時間和朋友在一起,對於朋友喜不喜歡我很敏感、很在意。國中以後,我就發現在我們家生存的方法有兩種:一種就是順從,另外一種就是優秀。」

導引者:「在你們家裡有誰是不乖順而可以生存的?」

珊如(想了一下):「我的小弟就不乖,而我的大姐有時也會歇斯底里,莫名其妙地發脾氣。我從小跟她睡在同一個房間,她發起脾氣來就會尖聲大叫。」

導引者:「那給妳的感覺是?」

珊如:「我只有躲開她。」

導引者：「當她發脾氣時家人的反應如何？」

珊如：「我媽媽叫我要讓她。」

導引者：「而妳用什麼方法在這個家庭裡得到妳想要的？」

珊如：「小時候我常常會跟我媽頂嘴，我覺得我要的東西，她常不肯給我。」

導引者：「所以妳敢在口頭上頂撞她。」

珊如：「對。但是我很怕她會叫我的老師修理我，因為我媽媽也在教書，我的老師都是她的好朋友。」

（觀眾發出嘆息的聲音）

珊如：「上高中以後我就學會了用優秀的方式來生存，那時我的成績相當好，而我也變得不聽話。」

導引者：「妳怎樣不聽話？」

珊如：「我是屬馬的，我媽媽常說我是一匹野馬。她常在中午時分拿棒子把我從外面追回來，她不喜歡我在外面交很多朋友。」

導引者：「她會打人？」

珊如：「她會打人，而且還會拉著我的頭往牆壁上撞。」

導引者：「爸爸知道嗎？」

珊如：「爸爸不知道。」

導引者：「什麼原因使妳沒有去告訴爸爸？」

珊如：「爸爸太忙了。」

導引者：「妳猜如果妳讓爸爸知道了，結果可能是什麼？」

珊如：「如果爸爸知道了，他會罵我媽媽，而媽媽會對我們更嚴厲。」

導引者：「所以你們很聰明沒有去告訴爸爸。在你們五個

孩子中誰承受這種痛苦最多？」

珊如：「是我。」

珊如：「我小弟小時候非常可愛，可是他愛打電動玩具，也常會做錯事被爸爸打。」

導引者：「爸爸對妳怎麼樣？」

珊如：「我覺得爸爸對我很好，他曾經是我在這個家裡的希望。我一直很景仰他，一直到兩、三年前，這個希望才破滅。」

導引者：「這個希望是怎麼破滅的？」

珊如：「因為我發現我爸爸只愛他自己，可是到最後，我發現他連他自己都不愛了。」

（珊如哭了起來）

三、不快樂的父親：父系家庭探索

導引者：「妳怎麼發現這個？」

珊如：「我發現他很不快樂，我發現他從嘴巴講出來的話都是不好的，我發現他很孤單。」

導引者：「這給妳的感覺是什麼？」

珊如：「不想靠近他。」

導引者：「珊如，我們從爸爸的家庭來看看他怎麼會這樣的不快樂？跟我們說說爸爸的家好嗎？」

珊如：「爸爸在家排行老二，他有一個哥哥、一個妹妹、一個弟弟。祖母很厲害，稱之為凶悍絕不為過，祖父很懦弱無能。」

導引者：「這懦弱無能指的是？他怎麼樣懦弱無能？」

珊如：「他沒有辦法賺錢，我常聽我爸爸說，我奶奶都會這樣子指著他的頭罵他。」

導引者：「而他會承受。」

珊如：「對。」

導引者：「所以奶奶對爺爺有很多的指責，而爺爺對奶奶怎麼樣？」

珊如：「討好。」

導引者：「奶奶對爸爸呢？」

珊如：「冷漠。」

導引者：「冷漠的！爸爸對奶奶呢？」

珊如：「怨恨而不敢表達。」

導引者：「敢怒不敢言，他對他父親呢？」

珊如：「生氣，氣他的不負責任，氣他沒有眼光，作了錯誤的投資，把家裡搞成這樣貧窮。」

珊如：「所以爸爸在這個家常常很不高興，他不高興他的父親，也不高興他的母親。奶奶太能幹了，不是能力上的能幹，而是嘴巴上的能幹。我聽過奶奶用很多難聽的話罵過媽媽，而媽媽也用那些話來罵我。」

珊如：「那個髒話是我奶奶罵我媽媽的，因為媽媽家是受過教育，不會說那種話。」

導引者：「所以妳相信是媽媽從奶奶那裡學來的，妳怎麼知道這個？是媽媽告訴妳的嗎？」

珊如：「對，她說這是當年奶奶罵她的話，她只是讓我們見識一下。」

導引者：「她很想讓妳們知道她承受的難過是有多難過？

被那些字眼罵一定是很痛苦的事情。這讓妳經驗到些什麼？」

珊如：「我想到我媽媽罵我們的狀況。」

導引者：「我認為妳不想聽。」

珊如：「而我也不希望我媽媽講我奶奶罵她的事，更不想聽姑姑說我奶奶很喜歡我。」

導引者：「這讓妳很混亂。」

珊如：「我不想聽，我就是不想聽我媽媽說那種話。」

導引者：「妳躲得掉嗎？」

珊如：「我覺得我好像要把我的耳朵摀起來，不要去感覺。」

導引者：「妳至少可以這樣做。」

進入歷史的洪流

珊如：「爺爺是曾祖父的小老婆所生的兒子，他生性懦弱，奶奶卻十分強悍。」

導引者按著珊如的說明，將爺爺、奶奶的關係由角色扮演者雕塑出來。

導引者：「他們之間婚姻的基本型態是這樣的。爾後，那個負責而又吃苦耐勞的大伯父來了，這個兒子是怎樣參與這個家庭的？他的位置在哪裡？」

珊如：「我的伯父是在爺爺奶奶中間，他做了很多事，身體還要擋著他們不要吵架。」

家庭重塑 5

導引者：「妳做一下大伯父的姿勢好嗎？」

導引者按照珊如的示範，將大伯父也加入了爺爺奶奶的雕塑（如下圖）。

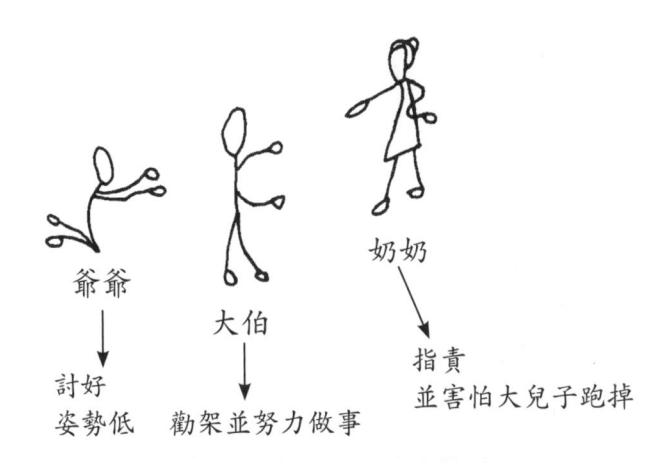

爺爺
↓
討好
姿勢低

大伯
↓
勸架並努力做事

奶奶
↓
指責
並害怕大兒子跑掉

奶奶：「還不快去做事，沒有用的男人，你沒有收入，家裡的開銷要怎麼辦？我這麼歹命，嫁給一個只會在家裡晃來晃去的老公。」

導引者（問大伯）：「在這個位置上聽到這些聲音，你會期望自己些什麼？」

大伯：「我想我爸爸既然這麼沒有用，我必須趕快長大，把所有的事情扛起來。」

導引者（回頭問珊如）：「妳想是這樣子的嗎？大伯愈來愈負責、有魄力和能吃苦耐勞，只因他的父親沒有魄力。」

（珊如點點頭）

導引者（問爺爺）：「你有這樣的兒子，你的心情是？」

爺爺：「都是因為我沒有用，才讓我的兒子這麼辛苦，我覺得他都是在替我做，我的心裡很難過。」

導引者（問珊如）：「妳相信爺爺對大伯有這樣的心情嗎？」

珊如：「爺爺的內心裡應該是這樣的。」

導引者：「爺爺一定沒有表達出來。」

珊如：「是的。」

導引者：「也許就是仗著這個孩子的力量，這個家才能支撐下去。在家裡如果有一個成員功能很強，就會有一個成員功能很弱；如果有一個成員完全失去功能，就會有一個成員來取代他的功能。而大伯在這個家裡像一個超功能的孩子，在這個系統裡真正父親的角色在他身上，他彷彿是這個家裡的小爸爸。」

導引者（問奶奶）：「妳的感覺怎樣？」

奶奶：「我身為一個女人，我希望有一個可以依靠的肩膀，我不希望承擔過重的責任，可是我先生……，我還得負擔他的責任，幸好有一個孩子來分擔，可是他好像比較向著爸爸，我有一點孤單，讓我很生氣。」

導引者：「難怪妳有那麼多生不完的氣。」

珊如：「我覺得奶奶的一隻手指著大伯，另外一隻手又壓著大伯，怕他跑開。」

導引者：「似乎她很需要他。」

珊如：「對。」

導引者：「有很多凶悍的人心裡是很孤單的，她愈凶悍也就愈孤單。珊如，爸爸是在這個情況下來到這個家庭的。

導引者（對著珊如）：「走到面前說，妳來扮演爸爸，想像在這種情況下，爸爸會用怎樣的方式來參與？這是他的父親、母親和哥哥。」

珊如：「我會躲在哥哥旁邊，靠著哥哥。」

導引者（對著珊如）：「妳來扮演爸爸，加入這個家庭系統吧！」

珊如扮演爸爸，蹲在大伯的旁邊。

導引者：「體驗一下，這是爸爸待過的地方，他可能在這個地方度過他早期的歲月，他竟然有一個哥哥的肩膀可以依靠。」

爸爸（珊如飾）（對著大伯）：「我欠你好多都還不完。」

大伯：「你是我最親愛的弟弟，我願意給你這麼多。你趕快去念書，家裡有一個人把書念好就好了，家裡的事就由我來承擔吧。」

爸爸（珊如飾）（想起大伯後來操勞而死，開始激動地說）：「哥，為什麼你不多等三個月，就只有三個月，你為什麼要死呢？為什麼你不多等三個月？」

導引者：「如果他多等三個月，他可以等到什麼？」

爸爸（珊如飾）：「我就畢業可以工作，你就不用為了把我養大而那麼累，最後累死了。」

導引者：「倘若他能多活一些時日，你想怎樣對他？」

爸爸（珊如飾）：「我會做很多事情，不讓你累死，我覺得你是累死的，你是累死的。」

導引者：「你猜他為什麼累死？」

爸爸（珊如飾）：「他都被爸爸媽媽折磨，他是為了我。」

導引者：「他是為了這個家累死的，而你也是家裡的一分子。」

爸爸（珊如飾）：「如果我不念書就好了。」

導引者：「你再說這句話好嗎？要是不念書的話……。」

爸爸（珊如飾）：「要是我不念書的話，你就不會那麼早死了。」

大伯：「可是我們家裡那麼窮，如果不念書，會一輩子被人看不起，我的希望就在你身上。」

爸爸（珊如飾）：「你不要死，你不要死，我要為你做一點事情。」

爸爸（珊如飾）：「我還讓你去當他們的實驗品，當你得血癌，我沒辦法幫你做什麼事情，還把你賣給他們當實驗品。」

導引者：「這話怎講？」

爸爸（珊如飾）：「因為我沒有錢買藥，你得了血癌每天要換血，我沒有辦法，我只好讓醫院用實驗中的藥物免費治療，讓他們作實驗。是我作的決定，我好難過，哥，我沒有辦法，我沒有辦法，我好難過。」（大哭）

導引者：「你對哥哥是那麼地虧欠。」

爸爸（珊如飾）：「我好虧欠。」

大伯：「當時如果你不這麼做，你還有什麼辦法嗎？告訴我，你有什麼辦法？」

爸爸（珊如飾）：「我沒有辦法，我沒有辦法。」

大伯：「我很願意做那些事情的。」

爸爸（珊如飾）：「我們為什麼那麼窮？我們為什麼那麼窮？我們為什麼那麼窮？沒有醫藥費，我們為什麼那麼窮，討厭，我們為什麼那麼窮啊！」

導引者：「如果有錢你就可以做什麼？」

爸爸（珊如飾）：「至少你就不會死了，不會死了。」

導引者：「這年你才二十歲，你體會了錢對這個家、對這個生命的重要。如果此時，對你未來人生，你能許一個願望的話，那會是什麼？」

爸爸（珊如飾）：「我要賺很多錢。」

導引者：「再說一次好嗎？」

爸爸（珊如飾）：「我要賺很多的錢，而且我要把錢放在爸爸的面前，用錢揮他們。」

導引者：「你是一個憤怒的孩子，你是一個憤怒的年輕人。帶著你的憤怒，此刻你有什麼話要對你父親說？」

爸爸（珊如飾）（對著爺爺）：「你這個笨蛋，要不是你那麼懦弱的話，哥哥就不會死了。」

導引者：「對媽媽你有什麼話想說？」

爸爸（珊如飾）（對著奶奶）：「妳的眼睛裡只有錢錢錢！」

奶奶（對著爺爺）：「你這個男人這麼沒有用，你看你的兒子為什麼死？就是因為你只會在那裡白吃飯不做事。」

爸爸（珊如飾）（對著奶奶吼）：「還不都是妳害的。」

導引者：「這是爸爸年輕時憤怒的地方，他是在這個憤怒的地方長大的，那一年他二十五歲，比我們今天在座的許多人都還要年輕。」

導引者：「爸爸，在這個位置上，你學習到什麼？」

爸爸（珊如飾）：「我要從早到晚不停地工作，結交很多有錢人，凡是成就比我低的，我就不跟他們來往。在我的世界裡，如果不上進的話就會被淘汰，如果沒有錢的話，日子是悲慘的。」

導引者：「我們來聽聽爺爺、奶奶的角色扮演者在他們的位置上經驗了什麼，好嗎？」

爺爺：「我覺得很愧疚，好像這一切都是我害的，我害死了我的兒子，因為我沒有能力養這個家，我覺得很虧欠、很難過，從頭到尾我都是被人壓制的，我好像沒有做對過一件事。」

奶奶：「其實我很疼、很愛我的兒子，造成這一切的原因都是因為他爸爸沒有用。我為我的兒子感到難過，我也很生氣。」

導引者（問珊如）：「妳相信嗎？這些可能是爺爺、奶奶的心情。」

珊如（點點頭）：「我知道我的父親非常愛大伯，他是我唯一沒有聽到爸爸批評、抱怨過的人。」

導引者：「妳怎麼知道爸爸那樣愛他的哥哥？」

珊如：「每年清明節的時候，爸爸會帶我們到大伯那裡掃墓，並會準備一顆梨子給我大伯，因為大伯在得血癌過世之前，一直說要吃梨子。可是當時太窮了買不起，現在每一年清明掃墓的時候，爸爸都準備梨子給他吃。」

導引者：「爸爸說大伯很負責，吃苦耐勞。」

珊如：「爸爸曾說他們小時候得去田裡工作，大伯會對我爸爸說：『你那麼累，坐到手推車裡，我來推你，兩兄弟不能沒有人念書，我不要念，給你念好了。』」

導引者：「這個哥哥是這麼愛他的弟弟。」

導引者：「大伯是在幾歲的時候得血癌去世的？」

珊如：「我不太清楚，大約是在二十六、七歲，還沒有結婚呢！」

導引者：「所以爸爸在二十多歲時就失去了這個受他敬愛，而且真心愛護他的哥哥，我想這對他來說是個很大的打擊。」

珊如（點頭）：「他所喜歡的人不在了。」

導引者：「爺爺去世得早嗎？」

珊如：「爺爺很高壽，在我上大學以後才去世。」

導引者：「爸爸還有其他的弟弟妹妹嗎？」

珊如：「他很少提起他的妹妹，他們之間很疏遠。我爸爸瞧不起他們，因為他們不上進，爸爸是大學畢業。」

導引者：「他的小弟呢？」

珊如：「我的小叔跟爸爸一樣上進，爸爸也用大伯對他的方式對他的弟弟，他們相差十歲之多。」

導引者按照珊如的敘述把父系家庭的成員一一加入了雕塑——疏遠的姑姑、被照顧的小叔。

導引者（對著珊如）：「來，看一下這個家的全貌，是爸爸生長的環境，他在這裡學到了一生安身立命之道，以及人生的原則。在這個家裡有一個年輕的生命走了，卻有另外一個有力的生命成長起來。珊如，看看爸爸他的環境，有什麼是妳想對他說的？」

珊如：「我覺得我現在比較能夠理解爸爸的意志力為什麼

那麼堅強，他有一雙犀利的眼睛，他選擇交往的朋友，他知道怎樣去鑽營、怎樣去投資，現在我也懂得爸爸那股彷彿對全世界都不滿的怒火是從哪裡來的了。」

導引者：「珊如，爸爸是那麼想力爭上游，對他來說，這樣子才是生存之道，他要很努力才能站到高處那個位置上去，妳來披上這塊象徵憤怒的紅布，並飾演爸爸，站到高處去，站得高而挺。這不是件快樂的事，是這個環境使妳站到這個位置，看到眼底下的這一切，生的、死的、老的、依靠妳的，經驗一下，在爸爸二十五歲以後，人生的起點是在這個位置上。（音樂）年輕人，看看你的這個世界，看看外面的世界。」

爸爸（珊如飾）：「我好想我的哥哥哦！我好寂寞（哭泣），哥哥，哥哥，我覺得我好想你，我覺得我好孤單。」

導引者：「你想對他說什麼？」

爸爸（珊如飾）：「我不要那樣子長大，我不要長大，我不要長大。我好怕……」

導引者：「那是哥哥留給你的。」

爸爸（珊如飾）：「我好怕，哥哥，我好害怕。」

導引者：「你曾經把你的恐懼告訴過誰？也許你只能在夢裡，告訴你那唯一可以傾訴而又死去的哥哥。」

爸爸（珊如飾）（哭著蹲了下來）：「我什麼都沒有了，我什麼都沒有了，我好難過，我好生氣，我好生氣哦！」

分左右二邊，在兩張桌子上，同時呈現力爭上游的爸爸與哭坐在地的爸爸（如下圖）。

家庭重塑 5

導引者：「原來在大紅布底下有好大的憤怒，在這樣強烈的上進心下，藏著你如此深重的悲傷、痛苦……，是嗎？」

爸爸（珊如飾）：「對！」

導引者：「爸爸，憤怒是你表達於外，別人看到的。可是你的二女兒懂得在你內心深處有個哭泣的小男孩，你哭了好多年，一點聲音都沒有，一直到你的女兒為你哭出聲音來。」

爸爸（珊如飾）：「我不要我的女兒離開我，我不要她離開我。」

導引者：「你的女兒要離開對你來講感覺是什麼？這是怎麼樣的一件事？」

爸爸（珊如飾）：「我覺得只有我的女兒和我的兒子了解我，只是現在我要少一個了，我好害怕。」

導引者：「曾經有一個了解你的人，在你二十五歲的時候就離開了，那是你的兄長。現在在你五十七歲的時候，有另外一個可怕的事情要發生了，那個很了解你的女兒要離開了，是嗎？」

爸爸（珊如飾）默默點頭。

導引者：「珊如，記住妳在這個姿勢裡的感覺，那是爸爸

103

心裡面蹲著的小男孩。我想在這個世界上沒有人看到過他的苦痛，而妳用妳的身體在經歷，妳是一個多好的女兒啊！」

珊如：「可是我要出嫁了。」

導引者：「這是另外一個問題，明天我們繼續探討。幸好妳是出嫁，還可以回娘家。」

母系家庭探索

導引者：「這是另外一個家，在另外一個地方，是哪裡？」

珊如：「台南。」

導引者：「這個家的生計是什麼？」

珊如：「他們有很多的田產，在三七五減租以前，他們的生活非常地富裕，三七五減租以後土地都被收回去，外公就守成過了許多年。因此，我的母親經過了富裕到小康，再落到財務困難的生活，整個家族的經濟狀況是由高處往下滑落的。聽說我外公的父親是個大善人，慷慨好施，對他的佃農非常好，很有聲望，不過他有兩個老婆。」

導引者：「那時大家都娶兩個，現代人只能娶一個。」

（觀眾笑）

導引者：「外公、外婆之間的關係怎麼樣？妳說外公是壞脾氣嗎？妳是怎麼知道的？」

珊如：「從外公的表情就可以看得出來，還有外婆也跟我講過。而外婆對外公非常地討好，雖然她心裡生氣，但是她還是會討好外公，只是外婆常會跟我們告狀，就是抱怨的意思。外婆常常跟我們說，嫁老公要看清楚，不要嫁外公那一型的，家產都被他弄光了。」

導引者：「外公在外婆面前的姿勢是？」

珊如：「耀武揚威，他很閒，不用做什麼事，平常看看報，沒事做就去散散步。」

導引者：「他知道如何享受生活，如何放鬆。」

珊如：「對。」

導引者：「我們把他演出來吧！看看是這樣的嗎？」

導引者：「有多少人羨慕這種生活？」

珊如：「很多人羨慕。」

導引者：「珊如，妳是不是能擺一個他在他太太面前的姿勢呢？」

珊如：「我可不可以用嘴說？」

導引者：「可以，可以。」

外公：「老婆，我回來了，拖鞋啊！拖鞋啊！」

外婆：「拖鞋，伺候拖鞋。」

外公：「幾點了？飯做好了沒有？我肚子餓了。」

外婆：「來了，來了。」

外公：「等多久了，餓死了。」

外婆：「要上菜了！再兩分鐘就好了。」

珊如：「我外公就生氣了。」

導引者：「等兩分鐘就生氣啦！」

外公：「都幾點了，一個女人怎麼持家的，吃飯時間還要叫才有飯吃啊！」

外婆：「怕菜冷了啊！」

外公：「又沒工作，妳不會算準一點嗎？老公幾點回來會不知道？又不是有工作。」

外婆：「不是啦！我是想吃熱菜才好啊！」

外公：「好了，好了，不用說了，吃飯啦！唉！菜怎麼這麼鹹？」

外婆：「我忘記了，多放了一點鹽。」

外公：「妳有沒有用心啊！妳是不是不愛做給我吃？還是想鹹死我？」

外婆：「我已經嚐了，後來忘記了又再加一次，對不起啦！」

外公：「妳是不是想我死啊？是不是？」

外婆：「不是啦！我是想你回來，要好好的做飯菜給你吃，那一定要熱的才好吃。」

導引者（面向外婆）：「說實在的，跟這樣的一個男人過日子是什麼感覺？」

外婆：「好難受哦！」

珊如：「外公會罵人，罵完以後就開始生悶氣，外婆就會很難過。外公最厲害的地方就是他那一張『酷』的臉，不講話，就靜靜地看著大家。」

導引者：「對妳相當指責，對太太充滿很多的期望，而對自己的期望不太多。」

珊如：「外公曾經是一個很成功的醫生，然而跌傷了手以後就很少去看病人，我外婆總說他是好吃懶做。」

導引者將外公、外婆的角色扮演者雕塑起來（如下圖）。

外婆

討好
（生氣）

外公

指責
（耀武揚威）

　　導引者：「外公在這個家的地位相當高，他是耀武揚威的，外婆的心中雖然相當生氣，但是她是個討好型的人。」

　　導引者（問外公）：「站在這裡的感覺怎樣？」

　　外公：「我覺得她蠻可憐的，但是我自己也受不了。」

　　導引者：「當你受不了的時候，你想做什麼？」

　　外公：「我就是想要凶她啊，我不凶她，我沒有地方可以發洩我的情緒，我的手也跌斷了，不能好好地去做醫生，我這一輩子的才華都不能發揮了。我不對自己的女人發洩的話，我找誰來發洩呢？」

　　導引者（問珊如）：「妳猜外公會有這樣的心情嗎？」

　　珊如：「我覺得我的外公滿苦悶的，他以前生活很好，可是受傷以後，一生不太得志。我記得外公曾對我說：人活著幹嘛！活到這把年紀了，沒有什麼價值，……」

　　導引者：「他是凶而鬱悶的？閒散的生活並不能讓他覺得充實？」

　　珊如：「對！」

　　導引者：「這是他們關係的一個基本模式的話，媽媽這個

時候就來了。那個能幹的長女,她會站在哪裡?」

珊如:「遠遠的,她不想靠近他們任何一個人,她在中間,好像⋯⋯做她自己的事。」

導引者:「忙她自己的事情,偶爾也會回過頭看他們一眼,繼續悶頭做她的事。」(轉向媽媽)「說說妳的心情,媽媽!」

媽媽:「我覺得我不會喜歡這樣的家庭。」

導引者:「珊如,妳來當媽媽吧!體驗媽媽在這個家中的位置。」

媽媽(珊如飾):「我覺得我媽媽好可憐。」

導引者:「妳喜歡她嗎?」

媽媽(珊如飾):「不喜歡。」

導引者:「妳同情她,但你不喜歡她?」

媽媽(珊如飾):「對。」

導引者:「對妳爸爸呢?」

媽媽(珊如飾):「我也不喜歡,我想離他遠一點。」

導引者:「外婆對媽媽的期望是什麼?」

(導引者請珊如站到外婆的背後去說)

外婆(珊如站背後):「我希望我的女兒能為我們家帶來一點歡樂,能夠化解我和我先生之間的冷漠,可是我覺得這個女兒很不貼心,她只想做她的事。」

導引者:「外婆,似乎妳的女兒並沒有達到妳的期望。外公呢?外公,對妳的女兒有什麼期望?」

外公(珊如站背後):「我這一生都很落魄,我希望我的女兒多念一點書,我很喜歡我的女兒。」

導引者:「珊如,來,妳再來當一下媽媽吧!站在這個位

置上,聽一聽外公、外婆的期望。」

外婆:「我希望妳靠近我一點,幫幫我們的忙。」

外公:「妳要好好念書啊。」

導引者:「媽媽,妳怎樣回答他們的期望呢?」

媽媽(珊如飾):「沒有我的事,不要講給我聽,我覺得好討厭。」(搗上了耳朵,如下圖)

外婆　　　　　　　　　　　　　　外公

媽媽

外公、外婆:我們希望你做個貼心的女兒。
媽媽:離我遠一些,否則我會有罪惡感,我做不到,也不想做。

外婆:「妳是我唯一的期待,妳是我的女兒,妳聽到了嗎?」

媽媽(珊如飾):「離我遠一點,妳這樣讓我覺得有罪惡感,不要講給我聽,我做不到妳要求的,我做不到。可是妳在我耳邊一直說,讓我覺得很對不起妳。」

導引者:「媽媽,妳會對他們說抱歉的話嗎?」

媽媽(珊如飾):「不會。」

導引者:「雖然妳搗上妳的耳朵,似乎妳的內心並不那麼平靜,妳聽得到來自爸爸的期望。」

外公：「女兒啊，我希望妳是個兒子，妳弟妹年紀還小，我跟妳媽媽沒辦法談心，我看到她氣就上來，我很希望跟妳多聊聊，了解我心中的苦，我希望我還是個有用的人，可是我的手斷了，耐性又不好，妳媽又不懂我，我希望妳多念點書，多爭點氣，只有放在腦子裡的東西才是真的財富，不會讓人家拿走。」

導引者：「媽媽，回答妳的父親。」

媽媽（珊如飾）：「我覺得他很囉嗦，我不想聽。」

導引者：「這是媽媽在家庭中的位置。媽媽還有弟妹嗎？」

珊如：「媽媽有兩個弟弟，這個大弟弟不是很聽話，但是他是外公盼來的兒子，所以很受重視，他有靠山，在家裡過得很自在。另外還有一個二姨，她很自戀。但是，外婆跟她比較親近，有什麼事情外婆比較敢去找她談。」

導引者：「似乎外婆跟二姨之間是心連著心的。」

珊如：「嗯，她們非常親近，但是二姨也沒有辦法保護外婆不受到外公的責罵。」

導引者：「她只能親近外婆，並不能保護外婆。」

珊如：「所以她們兩個一起去討好外公。在下面來了一個阿姨，這個三姨長得非常漂亮，她也和外婆比較親近，一直被外婆疼愛，但是她的眼睛老是看著外面，她有許多的朋友，還有許多男生為了她打架。在下面還有一個是最小的弟弟，他是以頑皮出名的，為家裡製造很多的『熱鬧』。」

導引者：「所以這個家的孩子都似乎各具特色。得寵的大舅舅、自戀的二阿姨、漂亮的三阿姨，還有頑皮的小舅舅。媽媽好像火車車頭，後面跟著四節車廂。」

珊如：「聽說他們四個都很怕媽媽，媽媽常有機會教訓他們。」

導引者：「似乎媽媽在這個家裡有一個榮耀光亮的位置，地位也高，權威也大，但是耳邊還是會聽到外公、外婆的爭吵，而且弟弟、妹妹也會來吵吵大姐，看來真會讓她心煩。」

在導引者的指導安排之下，珊如扮演媽媽站在一張椅子上，而所有母系扮演者圍繞著她說話，發出一堆吵雜的聲音。

外婆：「妳是我的大女兒，要多幫忙我啊！」
外公：「女兒，什麼都是假的，只有念書才是真的。」
大舅：「下來啦，這裡該是我的位置才對。」
二姨：「姐姐，教我功課，我都不會。」
三姨：「姐姐，陪我玩好不好？」
小舅：「姐姐，我可愛嗎？」
導引者〔問媽媽（珊如飾）〕：「媽媽，說說妳的感覺。」
媽媽（珊如飾）（哭著）：「我要改變。」
導引者〔對著媽媽（珊如飾）〕：「媽媽，回頭看看妳的弟妹們，他們似乎跟妳用不同的方式生活。」
媽媽（珊如飾）：「我不想看他們。」
導引者：「什麼使妳不敢回頭看，若妳回頭看那個與妳母親在一起的妹妹們，妳的感覺會是什麼？」
〔外婆摟著兩個妹妹（扮演著媽媽，由媽媽的位置在一邊看，如下圖）。〕

媽媽　　　　　二姨 外婆 三姨

　　媽媽（珊如飾）：「為什麼不是我呢？」

　　導引者：「妳再說一次，好嗎？」

　　媽媽（珊如飾）：「為什麼不是我呢？我不相信我的爸媽愛我。」

　　導引者：「妳找不到他們愛妳的證據。說說妳為什麼不相信。」

　　媽媽（珊如飾）：「妹妹不做任何事情就可以得到那樣的愛，可是我必須非常努力才能得到那樣的愛。」

　　導引者：「妳是用妳的努力和條件換來的。」

　　媽媽（珊如飾）：「對。」

　　導引者：「珊如，妳願意聽聽這些角色扮演者在他們的位置上體會到的感受嗎？」

　　外公：「其實我在這個家裡也很孤單，如果太太能夠分享的話，也許我的脾氣就不會那麼大。」

　　外婆：「我的感受是我心愛的女兒並沒有真心地來服侍我，我把痛苦隱藏在內心，我的大女兒竟然不願意回頭望我一眼，我很傷心。」

家庭重塑　5

導引者：「妳猜這可能是外婆的感覺嗎？」

珊如：「可能是吧！可是當外婆在講這些話時，我站在這裡沒有辦法聽進她的話，我很想跑掉。」

導引者：「那個想跑掉而不想聽的感覺，或許也是媽媽曾經有過的。」

（珊如點頭）

導引者：「媽媽對外婆的耳朵也是關著的，似乎外公和外婆都在期待著媽媽成為他們的情緒伴侶，而媽媽在回應他們期望的時候，把她的耳朵關了起來。她並非把耳朵朝向一方，而是在面對雙方的情緒時，關上了她的耳朵。」

（珊如點頭）

二姨：「其實我在這個家覺得很累，大姐不肯管爸媽的事，大哥也不管，弟妹還小，沒有人體貼爸爸，我覺得我有責任要多體貼他們。」

導引者：「妳猜這是二姨的感受嗎？」

珊如：「我一直很喜歡二姨，她對人很體貼。」

導引者：「妳有什麼話想對她說嗎？」

珊如：「有時候我真希望妳是我的媽媽。」

導引者：「如果妳真的有幸成為二姨的女兒，妳希望她帶給妳什麼？」

珊如（流著淚對二姨說）：「妳不像我媽媽那麼冷漠，妳對小孩都很好，妳是家中的第二個女兒，我覺得妳可以體諒我在家裡的感覺，妳也曾經告訴過我媽媽要多關心我。」

導引者：「想聽聽舅舅們的感覺嗎？」

大舅：「活該，誰叫妳是女的，如果妳是男的就沒事了，

我覺得妳威脅到我，也覺得妳不喜歡我。」

　　導引者：「妳猜那是大舅的感覺嗎？」

　　珊如：「可能是吧！但是身爲男孩和女孩，又哪裡是自己可以決定的呢？」

　　小舅：「我覺得我在這個家使不上力，姐姐已經那麼棒都沒有辦法了，所以我就調皮啊，玩啊，不在乎就沒事了。」

　　導引者：「妳猜這是小舅的感覺嗎？」

　　珊如：「這是我比較陌生的。」

　　導引者（請媽媽的角色扮演者說話）：「我們來聽聽媽媽的心情吧。」

　　媽媽（扮演者）：「我覺得我蠻累的，爸爸對我期望那麼高，希望我好好念書，我也照他的期望念了；那媽媽希望我成爲她貼心的女兒，可是我不願意，當我看著妹妹和好命的媽媽，那麼舒服、那麼悠哉，好像不需要努力就可以得到寵愛，我覺得很不公平。其實我很希望，就是說，在她們旁邊很貼心的樣子，可是我又不甘願，不甘心降低地位去貼近媽媽。雖然她很希望我能去貼近她，可是我心裡就有種不甘願，我不情願這麼做，我要離她遠遠的。」

　　導引者：「妳猜這是媽媽的心情嗎？是什麼使外婆疼愛那麼多的兒女，可是卻疏忽她的大女兒？這邊好像找不到東西來描述。」

　　珊如：「我媽媽脾氣滿古怪的，應該說是孤僻吧！」

　　導引者：「孤僻！她不太惹人疼，是不是？」

　　珊如：「她臉上很少有笑容。」

　　導引者：「她時常把自己封閉起來？」

珊如：「我媽媽的眼睛長在頭頂上。」

導引者：「她有點孤傲，是不是？」

導引者：「妳猜是什麼讓媽媽要把自己隔離起來？」

珊如：「媽媽認為她的爸媽不疼愛她。因為我記得有一次，阿姨跟我們說到很多屬於我媽媽童年的事，她說我媽媽出嫁的那一天，外公跟外婆躲在廚房後面哭。我媽媽說：『我不相信！我的爸媽不可能會因為我的離開而傷心的。』」

導引者：「妳相信嗎？妳相信阿姨說的是真的嗎？」

珊如：「嗯！」

導引者：「珊如，看著媽媽，這是她的家，以後她會遇到另外一個男人，而她大半的生命，是在這個家度過。」

珊如：「我終於了解為什麼媽媽老是沒有反應，像是個死人似的。」

導引者：「告訴媽媽，當妳看到她像一個活死人的時候，妳的心裡在想什麼？」

珊如：「當妳像活死人的時候，我就必須照顧妳。」

導引者：「當妳照顧她的時候，妳得做一些什麼嗎？」

珊如：「我對妳很不滿，覺得妳蠻懦弱的、蠻無能的。」

導引者：「而妳期待些什麼？」

珊如：「當爸爸罵妳的時候，妳就跟他吵嘛！妳幹嘛讓他罵妳、打妳，我好難過。」

導引者：「進到婚姻生活以後，媽媽過著委屈的日子，而如果她沒有那麼軟弱，會帶給妳什麼？」

珊如：「至少妳可以多看我一眼啊！我覺得妳可以多愛我一點！」

雕塑完母系的家庭，珊如很疲倦，但是她說：「現在，我比較了解媽媽了，我終於明白為什麼她老是沒有反應，好像一個活死人一樣。」

回到童年的家

在這個長達四天的工作坊裡，珊如的工作分在兩天進行。經過了一夜安睡，第二天清早，珊如神清氣爽地出現在團體裡，淡淡地化了一些妝。

導引者：「昨晚睡得還好嗎？今天晚上我們再跟妳一起工作，妳準備好了嗎？」

珊如：「想到要再繼續探索我的家庭，我覺得非常害怕。」

導引者：「妳明白妳害怕的是什麼嗎？」

珊如：「早上不是很想起床，不太想面對今天可能要面對的東西。」

導引者：「妳猜，在今天的過程中，妳會遇到什麼讓妳害怕的事？」

珊如：「我記得昨天有一幕，我特別感到害怕的就是導引者拿一個椅子，要我站上去體驗爸爸的感覺，我就格外不想上去，因為我知道我站上去，我就不能用以前的方式去看我的父親，我就不能對他生氣，我就不能說一個理由好離開他。」

導引者：「原來讓妳離開他的理由就是……」

珊如：「我要對他生氣，這樣我才可以比較自由地離開他。」

導引者：「原來生氣是妳可以離開他的力量，倘若不生氣要離開他是很難的。」

珊如：「嗯！」

....

導引者：「今天早上要進到妳的原生家庭裡，在妳的原生家庭成員當中，在此刻，哪一個最吸引妳？」

珊如：「有三個，一個是我爸爸，一個是我媽媽，另一個是我姐姐。」

導引者：「爸爸和他憤怒的紅色袍子站在這裡，而媽媽和她榮耀的金色袍子站在這邊。妳可知道爸爸跟媽媽他們是怎麼認識的？」

珊如：「相親。」

導引者：「相親認識的，那年妳媽媽幾歲？」

珊如：「二十八歲。」

導引者：「那時候別人都會怎樣？在親戚朋友、街坊鄰居都會怎樣說這個女孩子？」

珊如：「很能夠幫忙家裡的經濟，蠻能幹的。」

導引者：「嗯！」

珊如：「學生都很怕她，很尊敬她。」

導引者：「嗯！」

珊如：「出嫁的時候，一堆學生在後面追著跑，追著車子跑，一邊哭：『老師不要走。』」

導引者：「真的？」

珊如：「那些學生跟我講的。」

導引者：「她很受學生的喜歡和愛戴，雖然她很嚴厲。」

珊如:「對,她非常嚴厲。」
導引者:「她是一個好老師。是誰讓他們互相認識的?」
珊如:「媒人!」
導引者:「相親那一天,媽媽家的人通通都在嗎?」
珊如:「都在。我爸爸在那一天受到了一些屈辱。」
導引者:「他們憑什麼羞辱他?」
珊如:「他們不欣賞他,認為他太窮了,但是外婆又說她再不嫁,底下的弟弟妹妹又怎樣辦,她不能擋在前面。因為以前的習俗,結婚需要按照次序來,所以他們還是決定了這一門親事。媽媽告訴我,在她結婚的那一天,她才第一次見到她的婆婆。媽媽說她嫁過去的第一天她就後悔了,如果先前曾有機會去看看她的婆婆的話,這個婚姻就不會存在了。」

在導引者的安排下,相親的場景出現了。扮演媒婆的角色拿著小手絹,唯妙唯肖地在家人之間穿針引線。

在場地的一角,二姨、三姨、大舅、小舅擠在一起交頭接耳。
「他怎麼那麼瘦。」
「長得怎麼樣啊?」
「挺寒酸的,大姐在我們家這麼跋扈,那人怎麼罩得住她。」
「我覺得大姐嫁給他太委屈了。」
「嫁也沒有關係,只要大姐看得順眼就可以了。」
在場地的另外一角,外公、外婆正在與媒婆交談。

家庭重塑 5

外公（獨白）：「這小子真自不量力，那麼窮也想來娶我的女兒，嫁給他不知道我的女兒會不會受苦？但是我的女兒年紀大了，將來找不到人嫁，可怎麼辦？難道要養她一輩子嗎？真傷腦筋！」

外婆（獨白）：「我覺得男大當婚、女大當嫁，其他的女兒也都等著出嫁，如果她不早一點嫁，其他的孩子怎麼辦？」

導引者（對著珊如）：「他們都在那裡竊竊私語，而妳才是今天的女主角，妳的心情怎樣呢？」

媽媽（珊如飾）：「其實我的心裡也是七上八下，不知道這個人將來會不會對我好？」

導引者（問爸爸）：「你怎麼樣呢？你大概也風聞了人家小姐不是普通的，聽說是當老師的。」

爸爸：「當老師的好啊！可以賺錢，聽說是大姐，一定很會做家務事。」

在一群角色扮演者真真假假的戲劇當中，珊如父母相親的一景就在眼前出現、進行了。

導引者（問爸爸）：「回頭看看那一家子的表情，他們的眼神似乎都在嫌棄你的貧窮，說說你的感覺啊！爸爸。」

爸爸：「我一肚子火，我早就知道錢很重要，尤其是女人眼中看到的就是錢。但是，他們怎麼沒有看到我的潛力呢？我未來的發展會很大的啊！」

導引者：「的確。你沒有錢，可是你有潛力，只是此刻你的潛力還沒有展現出來。」

導引者〔問媽媽（珊如飾）〕：「媽媽，這是一個妳從來沒有見過面的男人，家人又都在討論妳的事，此刻妳的心情如

何？」

媽媽（珊如飾）：「我覺得很有壓力，因爲他們說，我如果再不出嫁，弟弟妹妹都被我擋住了。」

導引者：「看看眼前這個男人，妳心中在想些什麼？」

媽媽（珊如飾）：「其實我並不是那麼不喜歡他，我覺得他看起來像是一個肯幹的男人，只是跟我還有一點距離。我在他的眉宇之間感覺到他的意志力，只是我有一個感覺，感覺到我不被這個家需要了，彷彿他們要把我趕出去。」（哭）

導引者：「妳曾經對他們有貢獻嗎？此刻妳有什麼話要對他們說的？」

媽媽（珊如飾）：「我覺得有些屈辱，年紀這麼大還沒有結婚，必須用這種方式推銷出去。在學生面前我是一個多麼有尊嚴的老師，而在這一刻，作爲一個二十八歲的女孩子，我竟然要忍受這一切。」

導引者：「回頭看看爸爸、媽媽，在這一刻妳想對他們說什麼？」

媽媽（珊如飾）（看著外婆）：「我看到我母親的爲難，我也看到我的父親並不喜歡這個男孩，我眞的不知道我應該怎麼樣才好？但此刻我突然有一個感覺，我想離開這個家，至少會有一個希望。我感覺他好像可以給我一些不同的東西，是這個家所沒有辦法給我的。」

披著榮耀袍子的媽媽在她原來的金色披肩上面又披了一層新嫁娘的白紗，爸爸站在長長地毯的另一端。

家庭重塑 **5**

導引者:「媽媽,妳走上了這一段長長的道路上吧!妳將離開這個家,在地毯的那一端有一個希望、一個憧憬、一個可能性,也許今後妳的人生會有一些不一樣,站在那裡的男人也許貧窮而削瘦,不過他深具潛力,好,慢慢地向那一頭走去吧!」

(音樂)

導引者:「在妳的身後有學生在追逐妳,妳知道他們有多愛妳和多怕妳;在妳的身後有妳的弟弟、妹妹在看著妳,但是這一條路只有妳一個人走,他們追不上妳的車子,也沒有人能夠跟妳去。」

媽媽(珊如飾):「我好害怕、我好孤單,不知道未來是怎樣的。」

導引者:「上路吧!人生的另一段要開始了。」

珊如(在一旁看著披著婚紗的母親,一步一步地走向站在地毯那一端的父親,淚流不止):「媽媽我覺得妳好可憐,我猜妳看到妳未來婆婆的時候,妳一定有一種被出賣的感覺。妳是一個好老師,卻要被安排到台南一個非常難處的媳婦位置上,妳好委屈,我為妳抱不平。」

導引者:「珊如,妳的父親和母親都各自在他們的家庭裡面,學習了很多重要的人生信念,而且還帶著它走進了他們的婚姻。」

爸爸:「人要成功就是要努力。女人啊!不用對她太客氣,她們會走過來的原因只是因為我們男人有能力,如果沒有能力可就要被欺負了。錢是重要的,沒有錢一切都靠不住。」

媽媽:「我要用功讀書,其他的事情我能不聽就不聽、能

不煩就不煩，遲鈍一些也沒有什麼不好。」

導引者（對著珊如）：「他們都帶著他們原來的特色走進了婚姻生活，而他們共同的地方就是他們都知道如何去努力、去用功、去得到榮耀，這是他們婚姻的起點。妳用妳心靈的照相機在此處停格拍照一下，等一段時間之後，我們會再回到這個地方來。珊如，此刻妳的感覺是什麼？」

珊如：「我覺得此刻看到他們這個樣子，我比較不怕。」

導引者：「什麼使妳比較不怕？」

珊如：「我覺得我比較懂他們。」

導引者：「是的，有些東西看明白了，也就沒有那麼可怕了。」

導引者：「在這裡有一個新的家庭產生了，當時爺爺、奶奶還在嗎？」

（珊如點頭）

導引者：「在妳和弟妹還沒有出世以前，我們來看看爺爺、奶奶、爸爸、媽媽，他們四個人的關係是什麼樣子的？」

導引者：「爺爺和奶奶的基本姿勢我們昨天已經見過了，我們今天把新婚的爸爸、媽媽也雕塑進來。當他們的新媳婦過了門，他們之間的遠近高下是怎麼擺的？」

珊如：「奶奶仍然是指責的，只是這時候我那討好的爺爺可以站起來了，他陪著我奶奶一起站起來指責我媽媽。」

珊如：「媽媽必須跪下，她的頭要低下來，奶奶說不准跟長輩頂嘴。」

導引者：「而她一向能說善道，她是一個教了十年書的老師，在這個局面裡，她的光鮮亮麗和口才都不再需要，她要

拿掉她的光彩做這家的媳婦。新郎官呢?他站在怎樣的位置上?」

爺爺、奶奶指責跪在地上的媽媽,爸爸在一旁(如下圖)。

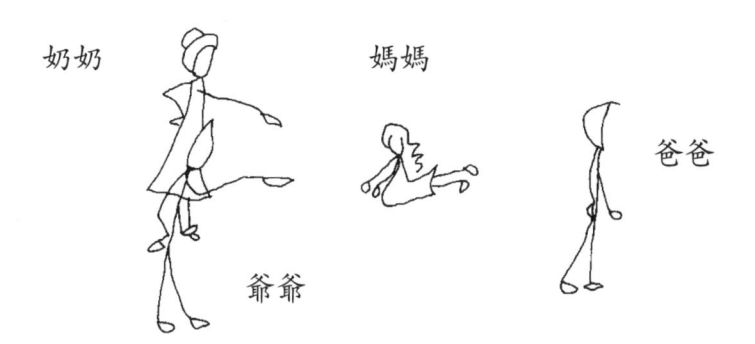

導引者:「這是他們婚姻的起點。爺爺,說說你的感覺怎麼樣?」

爺爺:「舒服多了。」

導引者:「奶奶妳呢?」

奶奶:「這個女人是來奪走我兒子的媳婦,以前我兒子很聽我的話,雖然他會跟我頂嘴,至少還是我的希望。現在呢?我的兒子賺錢會拿給我嗎?」

導引者:「OK!所以妳有一些這樣的掛慮在裡面,這會使妳對她⋯⋯?」

奶奶:「我一定要治她。」

導引者:「嗯!」

奶奶:「一定要治治她,不能讓她騎到我頭上。」

導引者(問爸爸):「你的態度如何?」

爸爸:「雖然我媽媽是無理取鬧,可是我知道我只要稍微

幫太太說一點點的話，就會被罵得半死，而且外面的人會怎麼看我？不能被人說，書讀愈多愈不孝順！」

導引者：「難怪你也只有把眼光朝外看了，好在你有很多的事業，好多的前途要你開創。」

導引者（面向媽媽）：「說說妳好嗎？妳的人生完全改變了。」

媽媽：「我好委屈哦！我在學校那麼威風，可是在家裡面，公婆是這樣子的對待我，先生又不支持我，站得那麼遠。我覺得我真是不應該嫁進這個家裡來的，如果我能夠選擇，我要離開這裡，我不要站在這麼屈辱的地位。」

導引者：「妳相信這些是媽媽當時的心情嗎？」

珊如：「她不能丟娘家的臉。」

導引者：「她是不能丟娘家的臉，只好做一個委屈的媳婦，因為她也不能丟婆家的臉，所以她白天當老師，晚上當媳婦。」

珊如：「而且她們把我姐搶走。」

導引者：「怎麼說？」

珊如：「姐姐是屬於姑姑和奶奶她們的。姑姑都會跟她說：『妳有一個壞媽媽，妳那個媽媽最不要臉。』」

導引者：「妳姑姑憑什麼這樣說？」

珊如：「她們都住在一起。」

導引者：「是一個很大的家庭。」

導引者：「姑姑說她是壞女人、壞女人。」

珊如：「媽媽白天上班的時候，姑姑當我姐姐的保姆，還教她唸兒歌，在兒歌裡罵媽媽。」

導引者：「有點過分耶！不是普通的。」

導引者：「妳此刻的感覺是……？」

珊如：「我突然比較了解為什麼我媽媽那麼不喜歡我姐姐，為什麼我媽媽聽到我姐姐要從國外回來，她害怕，她那麼無助，我想我媽媽在我姐姐身上看到我姑姑對她的虐待。」

導引者：「姑姑虐待媽媽，連她的女兒也被她們奪去，加盟到她們那一邊。」

在導引者的安排下，姑姑的扮演者對姐姐展開「攻勢」。

姑姑：「媽媽對妳不好，她只會工作，她都不照顧妳。」
姐姐：「可是她是我媽媽耶！」
姑姑：「她不好，妳不知道，我跟妳講的是對的。」
姐姐：「可是她把我生出來，她應該很愛我啊！」
姑姑：「她生了妳，但是她沒有盡到母親的責任，她都在工作。」
姐姐：「可是……可是……」
姑姑：「妳聽姑姑的話沒錯，妳還小妳不知道，姑姑跟妳講的都是對的。」
姐姐：「我、我……」
姐姐：「我覺得白天在她們的籠罩之下，晚上我才可以享受媽媽的溫情，可是，又好像很短很短。」
導引者：「妳跟其他的孩子一樣，有一種親近媽媽的本能，事實上沒有一個孩子不要媽媽，但是同時，妳又聽到……」
姑姑：「媽媽生妳不要妳，姑姑照顧妳就好。」
姐姐（尖叫）：「不要，不要，不要！」

導引者:「這情況,要她不歇斯底里也很難。」

導引者:「姐姐,妳的感覺怎麼樣?」

姐姐:「我覺得我真的要發瘋了,我沒有辦法來肯定我自己,我整個人都混亂了,我所相信的價值都是這個樣子。」

導引者(問姐姐):「在這裡,妳對爸爸的期望是?」

姐姐:「我希望他能伸一隻手過來。」

導引者:「妳對他說,好嗎?」

姐姐:「爸爸!你為什麼不伸一隻手過來讓我抓著?」

導引者(問爸爸):「你的手到哪裡去了?爸爸。」

爸爸:「我要苦拚呀!而且我不能回頭,我一回頭的話,會被我媽媽罵死。」

導引者(問媽媽):「而妳呢?妳的女兒在哪個位置上?」

媽媽:「我覺得我很……,在這個家裡面,所有指責的箭頭都朝著我,連我的大女兒也不能自由的接近我,好像是姑姑和奶奶她們的財產。不讓我去接近她,又把這個罪名加在我的頭上,我賺錢也是為了這個家啊!」

導引者(對著珊如):「妳說妳想多認識姐姐,當妳看到這一幕,妳想對姐姐說的是……?」

珊如(對著姐姐):「我不知道妳是怎麼活過來的?我感覺我比妳幸運多了,在妳生命才開始的時候就那麼難過,我明白了為什麼妳必須試煉我對妳的愛有多深,然後批評我跟我未婚夫的感情,妳一直在試煉我到底喜不喜歡妳。我不知道為什麼妳要這麼做?今天,當我看到妳這樣子的時候,我比較能夠體諒妳。」

導引者:「珊如,看看姐姐,告訴她,妳對她的期望是什

麼？」

　　珊如：「我們從小吵到大，這次妳從美國回來，我好興奮。我覺得我們可以有一個不同的開始，可是我還是做不到，我希望妳停止對我的懷疑。」

　　導引者：「珊如，她很難停止對愛的懷疑。如果她很難停止這個懷疑，妳對姐姐期待的是……？」

　　珊如：「我要離開妳。」

　　導引者：「妳要離開她，可是妳是帶什麼心情離開她的？」

　　珊如：「如果我再不離開妳的話，我就快要瘋掉了。我想保護我自己，我不想要跟妳在一起。」

　　導引者：「似乎妳必須在心理上離開她。」

　　導引者（再度回到珊如的原生家庭雕塑當中）：「這是姐姐在家中生長的位置，而珊如妳是老二，珊如小時候的位置跟姐姐一定不同，她在姑姑身旁的時候，妳在哪裡？」

　　珊如：「在中間啊！我知道我為什麼那麼遲鈍、那麼笨了。我躺在中間，一面聽到媽媽哭，一面聽到姑姑罵，我把耳朵搗起來就什麼也聽不到了。」

　　導引者：「珊如，活下去的方法就是聽不見，以免自己瘋掉，是嗎？」

　　珊如：「對，我覺得我就長得像一個仰頭向上、嘴巴微張，笨笨的樣子。」

　　（觀眾大笑）

　　導引者：「妳來到這個家的時候，正是家裡混亂到極點的時候，在混亂中笨笨的比較舒服。妳選擇這樣的方法──『笨』，以便能夠節省足夠的精力在學業上優秀聰明，我終於

明白了。珊如，對這個聰明的笨孩子，妳想說些什麼？」

珊如：「我很感激她，她不會去站在姐姐那個位置。她沒有讓自己瘋掉。」

導引者：「你的後面好像還有一個妹妹。」

珊如：「是的，妹妹的運氣比較好。」

導引者：「妹妹在哪裡？」

珊如：「妹妹出生的時候已經搬到台北了，因為爸爸終於知道奶奶有虐待媽媽的情形。」

導引者：「哦！爸爸有的時候偶爾回來看一下，面對這個事實。」

珊如：「有一次，爸爸上班後忘了拿東西，然後他回來要拿東西的時候，剛好在門口聽到我奶奶在罵我媽媽。」

導引者：「他才知道真實的情況。」

珊如：「他才去跟朋友說：他不知道我們施家的媳婦那麼難做，然後就搬到台北了。」

導引者：「所以當妳妹妹來臨的時候，妳家已經進入另外一個季節，另一個新的開始。而妳出生的時候，正是混亂達到顛峰的時候。」

導引者：「到了台北以後，你們家庭的關係改變了嗎？那不再是個大家族，而是個核心家庭了。」

珊如：「感覺上，爸爸和媽媽不再那麼疏遠了，而姐姐還是跟媽媽很疏遠，我還是笨笨的，但是媽媽跟妹妹很有話講，她叫她心肝寶貝。」

導引者：「似乎在這個新的環境裡，媽媽終於有機會享受到她的母女之情。混亂的局面終於遠離了，而爸爸也改變了，

是嗎？」

導引者（問爸爸）：「對這個笨笨的女兒，你的感覺是什麼？」

爸爸：「那麼瘦，眞不知是怎麼吃的？」

導引者：「當年別人也嫌你瘦。」

爸爸：「她姐姐就胖胖的，她怎麼又黑又瘦，像個釘子一樣，不過我是很愛我的女兒的。」

導引者：「珊如，妳相信嗎？那個黑瘦像釘子一樣的女兒會得到爸爸的憐愛。妳的感覺如何？」

珊如：「我有一點安慰。」

導引者（問媽媽）：「妳的世界改變了嗎？」

媽媽：「在這邊，我終於可以自己作主了，不像以前都被壓住，沒有自己決定的空間。」

妹妹：「我覺得爸爸離我好遠，兩個姐姐跟我也很陌生，她們似乎不太喜歡跟我在一起，只有媽媽要我。我必須依偎著媽媽，做個聽話的孩子，這樣媽媽就會永遠愛我了。」

珊如：「在我大妹之後，又有二個弟弟和一個妹妹，媽媽親自照顧他們非常忙碌。」

媽媽：「我終於有了一個自己的家，雖然他們很吵，但是我很高興。我爲自己成爲女主人而高興。」

珊如：「只有我和姐姐是從台南帶過來的，二個弟弟、妹妹都是在台北出生。我有的時候會有一種感覺，彷彿我們小孩被分成兩國，媽媽似乎要把台北生的孩子跟台南生的孩子隔開，好像怕我會害弟弟、妹妹一般。」

導引者：「珊如，妳來當媽媽。告訴珊如（替身）她會怎

樣害了弟弟、妹妹。」

　　媽媽（珊如飾）：「她會讓他們不愛我。」

　　導引者：「你再說一次，好嗎？」

　　媽媽（珊如飾）：「她會讓三個小的孩子不愛我。」

　　導引者：「她如何能讓弟弟、妹妹不愛妳呢？」

　　媽媽（珊如飾）：「就像小姑當年對我一樣，不然她也許會把他們弄得跟她一樣笨笨的。」

　　珊如（替身）：「媽媽，我覺得有一種被拒絕的感覺。」

　　珊如（替身）：「我不知道該怎麼辦？我覺得好無助哦！我很想靠近妳，可是妳不要我，我只好去靠近爸爸，可是爸爸那麼忙，我覺得好孤單，所以我才笨笨的。」

　　導引者：「珊如，這孩子心裡是這麼想的嗎？（珊如點頭）來！回到妳自己的角色上好嗎？妳來拉媽媽的衣角，讓媽媽注意到妳。」

　　媽媽：「走開，走開。」

　　珊如：「媽媽，媽媽。」

　　媽媽：「走開。」

　　媽媽：「妳不要害我這三個小孩。」

　　珊如：「我不會害他們的！」

　　媽媽：「妳走開，妳不要害我這三個小孩。」

　　珊如：「妳為什麼都不跟我講話？妳為什麼都不跟我講話嘛！妳都把我放在家裡面。」

　　媽媽：「我想忘掉台南。」

　　珊如：「我想跟妳講話。」

　　媽媽：「我想忘掉台南。」

導引者：「告訴媽媽，不被重視的感覺是……？」

珊如：「我覺得我快要死掉了，我快要死掉了。」

導引者：「不被重視的感覺是快要死掉了，孩子。」

珊如：「我覺得我都沒有人愛，我都沒有人愛。」

導引者：「妳渴望些什麼？」

珊如：「我要媽媽重視我，為什麼妳都只要他們不要我呢？」

導引者：「珊如，妳等了多少年？等她愛你。」

珊如：「我等了二十幾年，妳還是一樣不看我，不跟我講話，只跟妹妹講。」

導引者：「告訴媽媽，帶著這個感受，當妳要離開這個家的時候，妳心裡期望的是什麼？」

珊如：「我不敢要妳重視我了，我要去找另外一個人重視我、愛我。可是他怎麼又跟妳一樣不重視我嘛！我不要你們都這樣對我。」

導引者：「珊如，接觸妳心裡面的感受，接觸妳心裡面很寂寞、空虛的感覺，充滿了需要。妳好像一棵沒有水來灌溉的植物，快乾枯的感覺。」

一、自愛的培養

珊如：「你們都不要我。」

導引者：「珊如，那感覺是什麼？」

珊如：「我覺得我隨時都可能會死掉。」

此時，導引者請替身扮演珊如，強調那種乾枯無生氣的心

情,而導引者牽著珊如的手站在一旁說:「珊如,聽聽妳自己心中這個乾枯的聲音好嗎?」

珊如(替身):「我快要死掉了!我覺得我好孤單哦!都沒有人愛我,我覺得我好像快要死掉了,好像沒有人可以給我養分、給我關愛一樣,我自己一個人怎麼可能養活自己呢?我好像要死掉了,我覺得我快要死掉了。」

導引者:「聽到這個聲音,或許妳可以回頭看一看、聽一聽。」

珊如(替身):「我覺得我快要死掉了,我覺得我好孤單,為什麼我一個人在這裡,都沒有人來幫助我。我跟媽媽要,可是她又不要我,爸爸也不理我,我覺得我快要死了。」

導引者向探索者:「珊如,那感覺是什麼?」

珊如:「我覺得我隨時會死掉,當植物乾枯時,它隨時會死掉的。你並沒有誇張。」

珊如(替身):「我快要死了,我好孤單,都沒有人愛我。我覺得快要死了,沒有人給我養分,我怎麼能養活我自己呢?我跟媽媽要,她不給我,我快要死了。」

導引者:「珊如,請走過去接觸妳自己的內心,去看看她。」

導引者:「珊如,過去接觸妳,走過去接觸妳,看看她。」

珊如:「我不敢看,我不敢看,我不敢看。」

(珊如別過頭去,拒絕看跪在地上的替身)

珊如(替身):「妳不要我嗎?我是珊如,我要妳看看我,我覺得很孤單。」

導引者（對著珊如）：「當妳敢的時候，回過頭去看看她。」
珊如：「我看到的時候，我就會死掉了嘛！我不要看。」
導引者：「我不知道妳會不會死掉，當妳有勇氣的時候，妳轉過去。」
珊如（替身）：「珊如，妳看看我。」
珊如：「我不要妳。」（自拒自，如下圖）

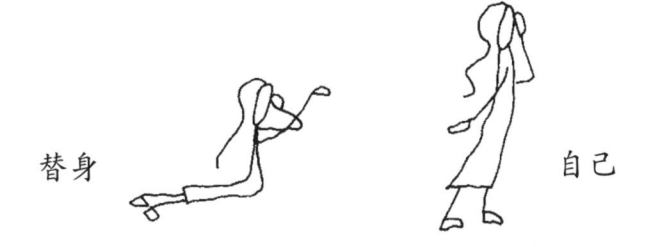

替身　　　　　　　　　　　　自己

> 替身：我是……，我要妳看看我，
> 　　　我覺得很孤單。
> 珊如：我看到妳我就會死掉，
> 　　　我不要看，我不要妳。

導引者：「妳不要她，妳也可以靠過來一點。」
珊如（替身）：「珊如！」
珊如：「我不要這個東西嘛！我不要這個東西。」
珊如（替身）：「珊如，妳不要看，我怎麼辦？珊如，妳看看我。」
珊如：「我不要看妳，我不要看妳，這樣我才活得下去。」
珊如（替身）：「珊如，我好孤單哦！」
珊如：「我不要妳、我不要妳、我不要妳、我不要妳嘛！

我不要妳、我不要妳。」

　　導引者：「要她走開，走開。」

　　珊如：「走開，我不要妳、我不要妳、我不要妳，妳不要靠近我、妳不要靠近我、妳不要靠近我。」

　　導引者：「接觸妳的害怕，妳怕嗎？」

　　珊如：「我怕，我不要她。」

　　導引者：「告訴她，妳怕她。」

　　珊如：「我怕她，我不要她，如果有她，我就要死掉了。」

　　導引者：「珊如，妳是真的怕她，妳怕她很久了，妳怕了很多年，妳怕會孤單而死（對替身），而妳會怕死（對珊如）。」

　　珊如：「我覺得好害怕。」

　　導引者這時候請珊如和替身交換位置：「是真的害怕，我看得出來是真的害怕。妳們來交換一下，讓她知道這有多叫人害怕，妳們交換一下位置，好嗎？珊如，妳來成為那個孤單的、渴望的，讓她知道妳有多害怕。」

　　導引者：「有的時候那種感覺像……像馬上要枯萎的花，妳是珊如心裡面的空虛和飢渴，乾扁扁的。告訴她，妳有多乾？」

　　珊如：「她不喜歡我，我不要常常出來，只有在她遇到挫折的時候才出來。」

　　導引者：「嗯！當妳鑽出來的時候，妳會希望她怎麼對妳？」

　　珊如：「我不敢出來，我怕出來她會死掉。」

　　導引者：「嗯！妳很愛她嗎？」

　　珊如：「我很愛她。」

導引者：「告訴她，我愛妳，我不要妳死。」

珊如：「我很愛妳，我不要妳死掉。」

導引者：「妳為了不要讓她死掉，所以妳常常躲起來？」

珊如：「我也不要妳死掉，我希望妳過得很好，可是我知道妳沒有辦法。」

導引者：「在什麼樣的時候妳才會鑽出來，讓珊如來看看妳？」

珊如：「當她難過的時候。」

導引者：「那是很偶爾的情況，今天妳試著鑽出來，靠近她一點點，讓她看到妳的頭，讓她看到妳三分之一的身體。請妳試著小小聲地叫，不要太大聲，說：珊如，我好害怕。」

珊如（替身）：「珊如，我好難過。」

珊如：「我什麼都沒有了，我真的什麼都沒有了。」

珊如（替身）：「我知道。」

導引者：「妳不知道。」

珊如：「妳不知道，妳永遠不會知道這種感覺是這麼的難過。」

珊如（替身）：「我知道，我跟妳一樣，我也怕妳，我們有一樣的感覺，我很孤獨。珊如，我也好寂寞。」

導引者：「妳有機會偶爾從洞裡鑽出來，妳會准許她摸摸妳的手，妳會准許她看到妳的臉，看到妳三分之二的身體。」

珊如（替身）：「珊如，我好害怕，我好怕妳，妳會不會傷害我？」

珊如：「我不知道。」

珊如（替身）：「我很害怕。」

珊如:「妳不要怕,我不會傷害妳。」

珊如(替身):「可是我好害怕哦!」

珊如:「我不會傷害妳,我不會傷害妳。」

導引者:「珊如,妳希望她的人生怎麼樣?」

珊如:「我希望妳很快樂,我希望妳能夠平安,妳的婚姻會很好,所以我不要出來。」

珊如:「我怕我出來妳會完蛋,妳就不會有好日子過了。」

珊如(替身):「我好害怕,妳不要傷害我,可不可以?」

珊如:「我不會傷害妳。」

珊如(替身):「妳不要傷害我。」

珊如:「我會躲起來。」

導引者:「珊如,妳今天從洞裡鑽出來,不用躲了。珊如,介紹介紹妳是誰?介紹妳是怎樣的乾枯?怎樣的飢渴?珊如,介紹介紹妳。」

珊如:「我自己是扁扁的。」

導引者:「嗯!」

珊如:「黑黑的。」

導引者:「嗯!」

珊如:「小小的,然後很多人都會欺負我,你都不知道。」

導引者:「那個扁扁、黑黑、被欺負的感覺是什麼?」

珊如:「好痛。」

導引者:「再一次告訴她。」

珊如:「我好痛哦!」

導引者:「好。」

珊如(替身):「我知道,我也很痛。」

導引者：「當妳痛的時候，妳希望她怎樣對待妳？珊如，妳再告訴她一次，妳再告訴她一次。」

珊如：「我希望妳愛我，可是我不相信嘛！我不相信嘛！」

珊如（替身）：「我愛妳，可是我好怕妳傷害我。」

珊如：「我不會傷害妳啦！」

珊如（替身）：「可是我好害怕妳傷害我。」

珊如：「我不會傷害妳。」

珊如（替身）：「妳會傷害我。」

珊如：「我不會傷害妳。」

（音樂：趙傳唱《我是一隻小小鳥》）

導引者：「珊如，跟她靠近一點，當她乾枯、盼望妳的時候。」

珊如：「我不會傷害妳，我不會傷害妳，我不願意傷害妳。」

（音樂）

珊如（替身）：「珊如，我好害怕哦！」

珊如：「我不會傷害妳。」

（音樂）

——整合——

導引者：「珊如，我讓妳看一個我所看到的景象，好嗎？」

在導引者的安排下,珊如被媽媽拒絕的雕塑,以及自己拒絕自己的景象,在團體成員的眼前同時出現(如下對照圖)。

媽媽　　珊如(替身)　　替身二　　替身三

> 替身二:你不要出現,躲起來
> 替身三:我好害怕,我要妳看到我

媽媽:「我怕妳接近我,我怕妳帶壞弟弟、妹妹,我不想再想起任何與台南有關的事,妳不准靠近我。」

珊如(替身):「媽媽,我愛妳,我渴望妳,可是我不敢吵妳。」

珊如(替身二):「我希望妳看到我,可是我怕我會傷害到妳。」

珊如(替身三):「妳不要靠近我,妳會害死我。」

珊如(替身二):「我們是一體的。」

珊如(替身三):「不,妳會害死我。」

導引者(牽著珊如的手在一旁觀看,並問珊如):「妳看出這裡面的意思了嗎?那是媽媽,媽媽那麼地害怕珊如靠近,有她的道理,而似乎妳在對待自己的時候,那個乾扁、飢渴的

快要死的感覺，也真的不敢出來吵妳的內在母親，至於今後妳要當一個怎樣的「自己的母親」，那就是妳自己的功課了。珊如，我再讓妳看一個可能的景象好嗎？」

（替身與未婚夫之間的對話）

珊如（替身）：「我實在渴望你，可是我真怕你為我犧牲，真怕會破壞了你的人生，可是我又實在太需要你了。」

未婚夫：「我很願意和妳在一起。」

珊如（替身）：「我想要你，可是我不敢去吵你。」

未婚夫：「妳到底要不要嘛？」

珊如（替身）：「我好想要，可是我不敢去要，我怕吵到你。」

珊如看到未婚夫的角色扮演者與自己替身之間，模擬而誇張的對話，會心地笑了。她彷彿認出了自己對未婚夫的渴望，渴望他的愛、又害怕去渴望的一份矛盾。

二、最後一幕：與爸爸道別

導引者再度邀請爸爸的角色扮演者出場預備與珊如對話。

導引者（先請珊如扮演爸爸，對她說）：「雖然珊如不是個兒子，小時候也不像姐姐、妹妹功課好，但是她是一個善體人意的孩子，她能夠了解一個中年男子的寂寞，這是連太太都做不到的事，但是這個笨笨的孩子做到了。而爸爸，你要不要對這個孩子說一下，是什麼使得你跟她之間無法接近？」

爸爸（珊如飾）：「我沒有辦法接近妳的原因不是妳的錯，

而是這個家給我的壓力,我有五個孩子,我必須賺很多錢,我太忙了,我沒有辦法照顧妳。」

導引者:「但是你仍然常常記得這個孩子,你還記得帶她去參加宴會,這是你記得她的方式嗎?」

爸爸(珊如飾):「對。」

珊如(替身)〔對著爸爸(珊如飾)〕:「爸爸,我很了解你,可是當你冷冷地對我時,我不知要怎樣跟你相處。」

(這時候導引者請二位角色互換)

導引者(問珊如):「妳能不能告訴我妳的兩個願望,妳期望爸爸怎樣對妳?」

珊如:「我期望他能跟我們聊聊天,跟我們一起看電視,他從不跟我們一起看電視的。我期望能跟爸爸談一些我最近的感覺、我的新發現,或是分享在我生活中所發生的一些有趣的事情。」

導引者再度請替身扮演珊如,讓珊如再回去扮演爸爸,進行最後一段對話。

珊如(替身):「我期待跟你聊聊天,期待能跟你分享一些好玩的事情,我希望你能看看這個家,關心我們,也看看我們。我真的好希望能夠跟你說話,跟你分享心中的感覺。」

導引者(對珊如說):「爸爸,告訴她,何以你不能完全滿足她這些願望?」

爸爸(珊如飾):「如果我一旦跟妳說話,我的憤怒就會跑出來,我有好多好多的憤怒,我怕跟妳一說,我就生氣,我

就生氣。」

導引者：「所以你用不講話的方法來保護她，倘若不是有那麼多的怒火，你聽到這個貼心女兒在跟你說這些期待的話時，你有什麼想告訴她？」

爸爸（珊如飾）：「我剛才不太知道怎麼去反應，然後覺得有些不敢聽，可是又很想聽。」

導引者：「爸爸，你真的認為她很笨？」

爸爸（珊如飾）：「不會。」

導引者：「說說你認為她是什麼樣的一個孩子？」

爸爸（珊如飾）：「我知道妳是一個蠻願意跟人家分享的女孩子，有一次妳念書念得很晚，兩點多，我也還在看書，妳有蒐集卡片的習慣，妳就突然很瘋狂地拿卡片下來，一頁一頁地翻給我看，我好驚訝！可是，我不太知道怎麼去跟妳說話，好意外。」

導引者：「爸爸，你喜歡那種感覺嗎？」

爸爸（珊如飾）：「好喜歡。」

導引者：「你要不要告訴你的女兒？在你的人生裡面，你有這個孩子，她帶給你些什麼？」

爸爸（珊如飾）：「妳可以帶給我一些可欣賞的美好，我很欣賞妳的直爽，我欣賞妳的快樂，我覺得妳甚至可以帶來一些不一樣的親近感。」

導引者：「你說這一句話好嗎？」

爸爸（珊如飾）：「妳帶給我的是這麼親近的感覺，這是我生活中所欠缺的。」

導引者：「她還教了你什麼？」

爸爸（珊如飾）：「她教我怎麼去敢要自己想要的東西。」

導引者：「你從她身上學到的嗎？」

爸爸（珊如飾）：「嗯！當我看到我的女兒那麼敢要她想要的東西時，我會有些羨慕她、妒忌她。」

導引者：「你知道嗎？你那個很敢要的孩子長大了，她準備去她所要去的方向。」

導引者〔對著珊如（替身）〕：「告訴爸爸，妳要離開這個家了。」

珊如（替身）：「爸爸，我要離開這個家了。我要離開這個家，我也要離開你了，爸爸。」

導引者：「那個小女孩已經長大了，她真的敢去要，而且她打算要去追求她的人生了。」

珊如（替身）：「爸爸，我要離開這個家了，我要離開你了，爸爸，我要離開這個家。」

爸爸（珊如飾）：「我想叫妳不要走，可是妳偏偏要走。」

導引者：「而你用什麼方法來讓她不要走？」

爸爸（珊如飾）：「我會用生氣，我會無緣無故地對人發脾氣。」

導引者：「而你的女兒長大了，也許她真的要離開你了，在你心底，你對她的人生有什麼期望？」

爸爸（珊如飾）：「我期望她快樂，少吃些苦。」

導引者：「如果她要離開你，去展開另一段新的生活，你會祝福她嗎？」

爸爸（珊如飾）：「我會的，我會祝福她，其實我蠻欣賞她敢去要她所想要的。」

導引者請珊如回到自己本尊,對爸爸的扮演者道別。然後,她慢慢走向站在另一角落的未婚夫,她的手中仍牽著象徵父親祝福與牽掛的紫色長紗。她邊走邊含著淚對爸爸說:「我要走了,我一定會回來。爸爸,我永遠愛你。」珊如手中的紫紗愈拉愈長,形成一幅美麗的畫面,讓在場的許多人以含淚的眼光相隨。

家庭重塑的理念及原則

家庭重塑是家族治療的一種變化運用,它們都是以系統的觀點去看人與家庭:視家庭為一互動的整體,視個人為家庭系統中的一部分。處理一個家庭時,以改變系統的運作為治療目標;面對單獨案主時,則著眼於其所承受的家庭影響。

與一般家族治療最大之不同是,在家庭重塑的過程中,真實的家人並不參與,而是由團體成員用角色扮演的方式代替探索者的家人,因此整個重塑的過程,完全是跟隨著探索者的認知與知覺,探討的是當事人主觀經驗中的家庭系統,而並非處理客觀的事實。這種重視主觀經驗的心理治療取向,充滿了人本和存在主義色彩,相信人是經驗的主體,阻止個體發展的往往是主觀中的家庭動力,而非客觀上的家庭動力。

薩提爾結合了系統理論及現象學的概念發展了家庭重塑,家庭重塑絕非為了過去尋根,而是為了對現今及未來的生活有所轉化。在探詢家族歷史脈絡時,其基本假設為:

1. 人的行為模式及性格主要習自於家庭。
2. 家族經驗始自幼小,當時個體對家庭的認知系統開始建立,所用的是不成熟的知覺,也沒有足夠的資訊去選擇與

取捨。
3. 人有再學習的能力，可在成年之後，對自己舊有的認知內容加以重塑或修正。
4. 自我概念的建立與家庭經驗息息相關，當認知系統中，家的概念改變時，自我概念也隨之改變。

薩提爾一方面相信家庭的經驗「彷彿留在血液裡一般地根深蒂固」，另一方面又堅信人類天賦的潛能，可以為了過愉快豐富的生活，而推動改變的過程。家庭重塑使人由過去的束縛中，釋放出精神的能量及認知的經驗，使人踏向自我發展的人生坦途。

一、家庭重塑是一個過程

基於這些理念，治療者必須去認識，當在引導家庭重塑時，是在引導一個過程的進行，而不只是在引導一個人。當治療者讀完探索者的家庭關係圖時，開始可以先行預設一些重塑的場景或步驟，但在過程中，這些特定的場景也只是用來引發探索者的反應，而治療者必須隨時保持警覺與彈性，不能太緊地抓住自己的預設，否則容易成為過程中的阻礙，更不能操縱探索者的反應，來按照自己的設計進行。

在我們的工作經驗中發現，只要一步一步打開家庭史，認識家族中一個個各具特色的成員，探討一份份的關係，我們的工作不是直接解決問題，而是使過程流暢前行，耐心地進行肢體雕塑與角色扮演，途中可能經過一些相當冗長與沉悶的階段，但到了最後，終究有柳暗花明、豁然開朗的時刻。

二、揭開家庭神秘的面紗

在重塑的過程中，我們會希望探索者能看到他以前所沒看到的，感覺到他以前所沒感覺到的。這些新刺激可能會帶給探索者新的收穫，但也有可能帶給他的是更大的失落，例如：原本以為自己是家庭中的王子，得天獨厚，但卻發現自己多年來把家庭榮耀的重擔扛在肩上，就像個奴隸；原本以為自己是在自由氣氛下長大的，後來卻發現自己其實被疏忽了很久。

對於自小受到虧待或甚至虐待、卻為了在心中維持美好的父母形象而未曾面對的人來說，認清自己曾被虧待的事實是很重要的，以免長大之後糊里糊塗地又陷入自傷傷人的局面。揭開真實的互動過程不是為了批判先人及父母，而是要正確地認識自己，以便知道下一步調整的方向。

要協助探索者面對這些原本隱藏的事實，除了善用家庭關係圖等工具外，最重要的還是要處理探索者的抗拒。在重塑過程展開前，我們必須先讓探索者及所有的成員理解，回溯家庭歷史並非為了批判過去的錯誤，或認定是某一家人的缺失，而是帶著「真實的不完美，比不真實的完美更美」的信念，去對成長的真實背景有一完整的認識，以便接觸成長的根源。在探索的過程中，我們常常請探索者吸收每一個家庭成員身上值得學習的經驗，以示我們對每一個人的尊重。

另外，每一個角色扮演者，都對構成完整的家庭關係圖有極大的貢獻。因此，我們會花很多的時間去詢問角色扮演者的體會，以擴大探索者的知覺範圍。

三、體認及接納父母的人性，藉以提升自我價值感

所謂自我價值感，是指能用尊敬、珍惜的心情來接納自己的一種心態。一個人如果厭惡自己或嚴重地不能面對某些自己的缺點，其人格是分割而未能在自我知覺當中統整的。薩提爾認為：「自我價值之高低，端看一個人能否統整接納自己的每一部分，以創造自己獨特的人格。」對於父母，無論我們喜歡與否，其實他們的特質早已內化成為我們人格的重要部分。無法接納父母，往往意味著對自己的某些重要部分不能見容，高度的自我價值感也無從發展。能夠寬諒父母，我們才能接納自己，進而提高自我價值感。

家庭重塑的治療目標之一是為了幫助案主體認父母也是凡人，而非童稚心目中曾誇大視之的神，更非絕對權威或無法抗拒的巨大力量。在重塑的過程中，回溯到父母的青春、童年、出生，深深進入父母內心的經驗是十分有力的途徑，能使人體認父母的人性，包括人性的弱點和他們也曾受苦受傷的事實。當我們放下舊有的父母權威形象，接納父母雖然一本善意卻也會犯錯時，自己不成熟的童稚心態才能得以長大。

四、增加與父母的自我分化程度

父母對人最具影響力，與父母的關係如有糾結難纏的成分，常是絆住人格成長的因素。或是憤怒被愛不夠，或是歉疚太深，或是情緒黏結不清，或是捲入父母婚姻困擾中，都是心理治療上處理的重點。家庭重塑正是十分有力的方法，可以直接處理案主

與父母的關係。

　　穆雷・鮑文（Murray Bowen, 1913-1990）認為，健康而功能良好的人是要由家庭群體我（family mass ego）走向個體化和高度分化的自我。家庭重塑是加速此一發展過程的方法，使成年子女與其父母在心理上達到獨立、分化，而又不失其間的親情，反而更增加對父母的尊重、接納與寬諒；使案主不再需要消耗大量精力在親子間共生或黏結的關係上，卻能擁有一份成熟的親子之愛。

　　薩提爾的家庭重塑基本上是一種團體工作，為一位探索者畫家庭關係圖、進行雕塑。團體成員在探索者挑選下，擔任角色扮演者，進行雕塑，結束後的分享讓所有成員受惠。然而，在諮商室內，助人工作者導引之下，一對一也可以進行。讀家庭關係圖、述說家庭故事和動力、讓當事人看出自己在其中的學習和傳承，以致能夠領悟到：影響面前生活的歷史性因素。鑑古知今、策勵未來。

6 內在家庭系統（IFS）

IFS 的心理工作

　　IFS 諮商師帶著「人有一個長存的自我和眾多動態的部分小我」之人格觀，進行案主概念化和諮商。諮商師可以把此概念和下面的一些技巧參入自己原先的諮商工作當中，也可以先把此概念跟當事人講解說明，甚至介紹相關讀物讓當事人自行閱讀，以便與當事人有更好的共識。筆者（鄭玉英）在這一章裡，將對 IFS 的心理工作方針加以說明。

一、對當事人保持正向的人觀

　　IFS 的基本信念是「沒有不好的自己，沒有不好的小我」，保持著充分正向的人觀。對於一些看起來會闖禍的小我，仍然相信有其正面意圖，想要對當事人的內在系統做出貢獻，故應引導當事人從自我的角度，帶著好奇心與悲憫的態度去關照和審視自己的每一個小我，或某一個小我。

　　諮商師應抱持這樣的態度看待當事人，也鼓勵當事人善待自

己。IFS 相信善待自己很重要，內在和諧的人也容易善待他人，與他人相處。

IFS 工作者帶著這樣的人觀，因此下面這樣的語言出現在諮商中，並不罕見：

「這個『力爭上游』小我，怎樣對你做出貢獻？」

「有一部分的你會『過度用藥』，這個部分的你是想要怎樣幫助你？」

「有一部分的你想要『殺掉自己』，你留意到這個部分是想要對你說什麼？和想要給你帶來怎麼樣的貢獻？」

二、工作常由一個小我開始

諮商師在聆聽當事人的敘述中，若發現有小我，就提出來與其核對：「聽起來，有一部分的你……。」最重要的是，協助當事人穩坐在自我核心位置上，有高度自我的能量〔也就是 8 個以英文字母 C 開頭的特質：平靜安穩（calm）、好奇（curious）、清晰（clear）、勇敢（courageous）、信心（confident）、創意（creative）、悲憫之心（compassionate）、能夠連結（connective）〕，同時要讓聚焦處理的小我與自我區隔開來，以便自我發揮 8C 特質來照顧這個小我。

在與某一個小我連結照顧的過程中，如果有其他的小我（如批判或不信任）出現，這時候「謝謝你來，請先退後一步，騰出一點空間」就是 IFS 工作中常見的經典台詞，目的是讓當事人的自我可以不受干擾地照顧正要聚焦的這個小我。

至於小我如何發現呢？可以從當事人敘述的事件當中擷取，

內在家庭系統（IFS） 6

也可以透過當事人當下的情緒或身體感覺去留意到小我的存在。

三、處理小我的六個步驟

下列六個步驟是 IFS 工作者處理一個小我的流程：
1. 發現（find）一個小我。
2. 聚焦（focus）在這個小我身上，予以充分關注。
3. 具體化（flesh out），希望能夠愈發具體清楚地認識這個小我的面貌與形象，以及它的感覺和認知。
4. 感覺（feel），這是邀請自我去察覺對這個小我的感覺如何？藉以確認自我能量和當下是否有足夠的 8C 特質？或是否有其他小我干擾了自我能量和運作。
5. 友好（be friend），希望在自我與這個小我之間有充分的連結和友善的來往互動。
6. 擔心害怕（fear），走到這個步驟，可以對這個小我進一步檢視其運行當中帶著什麼害怕嗎？如果小我不這樣運行，會擔心什麼嗎？這樣的探討可以更深一層認識這個小我「用心良苦」的正面意圖，以及對當事人內在系統的安全顧慮。也可能在這個過程中發現它在保護什麼？唯恐什麼？在這步驟也可能發現，不止一個小我之間正在合縱連橫的進行結盟、對抗、提防等動作。

四、IFS 工作特色是偕同當事人的自我展開工作

諮商師是帶著案主去「自我」整合與「自我」療癒。在諮商室裡，當有案主問筆者：「鄭老師，你能幫我的忙嗎？」筆者總是回答說：「我能幫你的『自我』去幫你的忙！」

諮商師可以跟小我對話：「『小焦慮』，你很想提醒阿美什麼呢？」「『小完美』，你從什麼時候開始就如此地努力，保護著阿美，不要有任何犯錯的機會呢？」

諮商師也可以跟當事人的自我對話，並且鼓勵當事人的自我去跟小我來往。「阿美，妳問問『小焦慮』，它最想提醒妳什麼呢？」「阿美，問問『小完美』，從什麼時候開始，它就成為了妳的小我，如此努力不懈地讓妳沒有犯錯機會。」

在工作過程中，時時留意著當事人是否處在「自我」狀態，努力維持他的自我當家。

五、IFS 如何處理創傷？

IFS 處理創傷是有下面的步驟，非常獨特，這是史華茲的偉大貢獻，簡單整理於下：

1. 在流亡者群中發現需要得到照顧的小我。
2. 見證這個小我背後的創傷經驗（witness）。
3. 對這個小我展開關愛與疼惜（compassion）。
4. 帶離現場，進入美地（retrieval）。
5. 卸下當時背負的重擔與包袱（unburden）。
6. 調整更新，整隊再出發（invitation）。

從創傷治療角度來看 IFS 的工作，是要先發現帶著創傷的小我或流亡者，從自我的位置上肯定並關懷和疼惜它，從自我與流亡者友善連結，經過見證創傷的過程，自我回到創傷場景，並將受傷的小我「帶出來」，到另外一個自在的美好地方，在那兒卸下重擔。也就是，放下當年因應壓力的時候所背負的態度和行動方式。幼小的時候在當年壓力之下，以為必須如此，沒有其他選

擇。當自我帶著自己的小我來到今天的另外一個自由空間，往往能夠發現當年的「不得已」和誤以為的「必須」，其實是可以有其他選擇的，當年小我背負的重擔或包袱是可以卸下了。當然，自我也能夠在內在系統中增加一些適合今天的態度和方法，或是把當年的態度行為作一些調整，整合納入到自己的系統之內再出發，以便能夠享受現在的生活和應付現今的挑戰。

在見證創傷，進入創傷場景，特別是進入家庭創傷場景的時候，有一個重塑父母（reparenting）的環節，跟家庭重塑有些類似，是一個對父母說真話或重新認識父母的機會。

六、處理內在的衝突和矛盾

這是 IFS 裡比較複雜和有挑戰性的部分。如果當事人有對立的小我，彼此互相抗衡，甚至內耗了許多精力，這時也唯有回到真我的位置，分別肯定兩個小我的價值，理解每一個小我的用心良苦，並發現這兩個小我的相對位置，以及其他可能存在的被保護或隱藏著的流亡者，抽絲剝繭，一一處理。甚至於展開小我之間的對話，讓他們之間不要過分對立或極端化，才能節省內耗的精力，帶來內在的和諧。

7 家庭重塑與 IFS 的異同

　　1960 年代開始的古典的家族治療，是有多位家人一起參加的治療性會談。以家庭和樂和家人合作為目的，或是為了協助一個帶著症狀的家人（identified patient）的成長，而全家共同努力進行的會談。

　　薩提爾的家庭重塑是於真實家人不在場的情況下，協助當事人藉家庭關係圖等工具及方法，回顧家庭歷史，在其中去蕪存菁，找到長大後自己的 在資源，修正不宜的內在家規。

　　史華茲的 IFS 工作，是以當事人的個人內在系統的統整與和諧為目的，也幫助當事人發現目前生活中的困擾與小我運用之間的關係，以便對部分小我採取不同的運作，而帶來轉化性的改變和人格的成長，以及創傷的療癒。

　　家庭重塑與 IFS 這兩種工作方式都是系統取向的工作。熟悉其一的工作者開始接觸另外一種方式的時候，會有似曾相識、殊途同歸的感覺。

　　IFS 工作者在陪著當事人關照內在系統的諸多小我之時，彷彿像在處理一群家人之間的互動過程。一個是向內探討，一個是

向外檢視：一個是看出胸中自有丘壑，一個是深信家庭是我們必須離開和終將歸去的根。一個人是一個系統，也是獨立個體。一個家是一個更為複雜的系統，有其結構和悠久歷史。個人與家庭都是對外有界線，對內在要維護的相對封閉系統。

家庭重塑與 IFS 這兩種助人專業工作有其相似之處，也有在工作過程中的關聯轉折之處，筆者在此將二者的異同略作比較對照。

家庭重塑與 IFS 相似之處

一、兩者都看重脈絡

家庭重塑需要襯托著當時家庭的脈絡，才看得出當事人在家庭最大的壓力裡，最主要的因應之道。IFS 工作卻是在找到一個創傷小我之後，回到當時的場景，見證當時受傷的脈絡。無論往內或者往外，從過去開始做歷史的探討，或者由目前困擾作為登山口開始進入，同樣是看著部分和整體的關係，看到一個人在家庭中的位置和努力，或是看到一個部分小我在整體人格中的位置和動力。一個往外、一個往內，卻是類似的思維方式，相映成趣。

二、兩者都企圖緩解極端化

家庭系統工作都有這個緩解極端化的企圖與方向。因為極端化會使系統在互動中失衡。例如一個家中，父親十分強勢、媽媽極端討好；或是手足之間，哥哥超優秀亮眼、弟弟頹廢放棄努力，

這些極端化的現象往往隨著時間愈演愈強烈，或導致第三方家人的參與而形成極端的三角關係。例如孩子因目睹父母婚姻傾斜失衡而以保護弱勢或對抗強勢的姿態參與。父母也可能因其單一價值觀而對孩子做出差異很大的批評或褒揚，而影響孩子日後有極端不同的發展方向。

在家庭重塑回顧家庭歷史時，我們希望協助探索者看出類似這樣的原生家庭動力在成長過程中給自己留下的影響。幼小時候，當然無法在家中力挽狂瀾。長大了，卻可以為自己做出緩解極端的選擇。

IFS 工作想要調整這樣的極端，帶來每一個人的身心健康。因為一個人的內在走到極端化的時候，外在生活往往也會失衡。例如：工作的時候極為優秀出色，卻在休息時分躲到地下室去抽幾口電子菸放鬆自己；或是一位在學校諄諄善誘帶班優秀的良師，卻在下班之後虐打自己的親生兒女；或是經濟小康卻經常瘋狂網購囤積家中，事後又有許多後悔懊惱，而產生惡性循環。IFS 工作者希望幫助這樣的人鞏固自我，從自我出發，對眾小我做出協調，而能找到內在的和諧與平安，讓極端化的小我找到中庸之道，以便得到內外的和諧與平衡。

家庭重塑與 IFS 的差異

一、工作起點的方式不同

家庭重塑開始前要或深或淺地知道當事人目前的議題，就可帶領當事人從過去的生命經驗展開探討，準備家庭關係圖和生命

大事紀等。基本上是從過去的探討走到今天的領悟。

IFS 卻是在現今的議題當中找到切入點往內進入內在系統，可以看清目前內在各部分小我動力的現況，也可以在恰當時機追溯到某一個小我的來源，而走到過去的創傷記憶。基本上是從現在走到過去的場景，再把過去的小我帶回今天的時空當中，以便整合和療癒。

二、創傷經驗呈現方式的差異

在家庭重塑裡，創傷經驗於家庭雕塑的姿勢上呈現。探索者可以在姿勢中親身體驗，或在旁觀者的位置上看清創傷的脈絡，並且對家之全貌一覽無遺。在 IFS 工作中，當事人則是閉著眼睛往內聽聞、往內觀看，在身體上察覺；而看到創傷場景和小我的獨特形象，以具體或抽象的方式在腦海中浮現。

三、規則轉換與卸下重擔的對照

比照薩提爾的「規則轉換」與 IFS 的「卸下重擔」，兩者都是把生命早期壓力中所做的有關態度和行動的決定加以轉化，從絕對性的僵化，變成相對性的彈性運作。而薩提爾對此提出了一個好用的「公式」。

舉例來說：某人有兩個原始規則——規則 A「我必須完美」，規則 B「我絕對不能違抗我那受苦的母親」。讓我們看看可以如何套用公式轉變。

> 規則 A

A1. 我必須完美

A2. 我可以完美

A3. 有時候，我也可以不完美
- 我可以不完美，當我發現追求完美太累
- 我可以不完美，當我認清完美其實不存在
- 我可以不完美，當我發現獨特比完美更有意義

> 規則 B

B1. 我絕對不能違抗我那受苦的母親

B2. 我可以不違抗我那受苦的母親

B3. 有時候，我也可以違抗我那受苦的母親
- 我可以違抗我那受苦的母親，當我工作壓力太大
- 我可以違抗我那受苦的母親，當我也必須有自己的生活
- 我可以違抗我那受苦的母親，當我認清了她的受苦並不是我造成的

在這個規則轉化的過程中：

A1～A2（B1～B2）從「必須」變成「可以」，像是一種肯定。

A3（B3）從「絕對」或「必須」變成「有時候」，帶來彈性。

至於在 A3（B3）下面的三個可轉變的條件，一定要由當事人思考然後表達出來。有的時候當事人會有一些掙扎或考量，彷

佛是掙扎著如何給自己彈性的許可。在這三個條件一步一步地產出時，當事人也漸漸從這個規則的束縛中有了認知上的釋放，其中有疼惜自己的勞累、有認清這個規則的不合理，甚至看到轉化以後比原來規則更高的價值。

規則 A 與規則 B 舉例呈現的是肯定句與否定句之間的差別。讀者是否可以看出來，這樣轉換僵化的規則與卸下重擔包袱是有異曲同工之妙，都是把當事人從當年不成熟時形成的重擔和包袱（必須和絕對不能）中釋放出來。

薩提爾是用認知漸進法，一層一層地允許自己選擇性的釋放，以找到不同意義和更高價值。IFS 則是運用轉換時空的機制和內在視力（imagery）的技巧，來進行脈絡的重新建構（context reframing），協助當事人發現時空背景已經不同，而能允許自己更自由合宜地生活在當今環境。帶離當年現場、進入當今美地，卸下重擔和包袱，是 IFS 工作裡一個極為精彩的環節。以下以二個例子加以說明。

例一

當事人小時候是個小大人，要超齡地照顧家人的需要。如今她已經當媽媽了，她把當年的「工具人」小我帶出來，在陽光普照的大草原上奔跑嬉戲時，對那個小我說：我們可以享受人生，因為我們長大了。至於那小小「工具人」的功能，目前可以用來陪伴自己的寶貝女兒，而非像當年那樣必須伺候一大家子人。這就是重新編組再出發，把當年的一個小我之功能在現今合宜運用的例子。

> 例二

兒時貧困的當事人，在 IFS 的內視圖像工作中，他的自我想要把小我帶到大飯店去吃牛排和冰淇淋，看到小我遲疑皺眉頭，彷彿不確定這是不是可以。當事人告訴小我：「你不需要再省吃儉用苛刻自己，那些習慣可以放下了。」為什麼？「因為現在我賺了不少錢，現在我們有許多的資源。」當事人也可以邀請新的特質進入內在系統，例如：增加一個新技能──「會理財」，在「敢花錢」的旁邊加上「會理財」。他看見小我笑了，可以跟著他離開當年貧困的處境，進入當今美地。這也符合薩提爾的加添理論（adding theory）。

IFS 卸下重擔和包袱與薩提爾的規則轉化，兩者是異曲同工的，都是為了把在無知歲月，或極端發展的壓力因應當中形成的一些僵化的態度、認知和行為放鬆下來。

筆者也有在帶領某些小我卸下重擔時，當事人感到遲疑或掙扎，在那個當下，運用薩提爾的認知層次性轉換法，有時也能帶來突破。

四、規模大小不同

誠如前面所說，家庭重塑是一個在成長團體中陪伴一位探索者穿越三代探討的大部頭工作，其中的歷史性傳承和代別跨代別之間的過程，規模之大是 IFS 所遠遠不及。家庭重塑在團體裡進行時，會有一些成員參與角色扮演，還有一些成員在觀眾的位置一同見證家庭歷史。眾人從不同角度的體會、參與，反思自己的

家庭。在最後的團體分享中,帶來對當事人的支持性共鳴。進行過程中,每當有一個感動的場景出現時,全場動容落淚,讓人感動難忘。在我們兩位(王行和鄭玉英)合作的家庭劇場裡,一個常見的高峰點就是自己跟自己的相見,其實何嘗不也就是自我尋回了流亡者的內在小孩,並予以充分自我疼惜的高峰經驗。

家庭重塑的工作規模比較大,如果再加上心理劇的技巧,進行角色互換和場景布局、道具、音樂的配合,即成為氣勢萬鈞的劇場。這樣大規模的動作,當然不是在一個小小諮商室裡面能夠發生的。

然而,在 IFS 工作裡,可以只是邀請當事人閉上眼睛「往裡面看」,在內在視角中看到栩栩如生的畫面和轉變,並能透過身體感覺展開內在的自我對話。規模是小巧的,卻在短小精幹、看似輕省的過程當中發揮成長療效,帶來深刻的影響。

輕省的 IFS 工作和大規模的家庭劇場,以不同的風貌訴說著系統思維,也一場一場地見證著「家庭會傷人,人卻能康復」的信念。

家庭重塑會按照當事人的描述,忠於當事人的認知,這一點非常重要。導引者要提醒角色扮演者盡量「忠於原著,略為誇張,卻不擅自加上詮釋」,角色扮演者要把家人角色刻畫得很鮮明,導引者要藉著雕塑的工作把人際脈絡交代得很清楚。一幕幕的更換場景,呈現著家庭的故事和不同角度的雕塑。IFS 卻示範了當事人閉上眼睛就能在身體裡找到那個小我,而小我常常也願意用具體或象徵的方式呈現它的面貌與特色:一個彎曲到快要倒下的軀體,說著「我撐不住了」;一個蹲在角落的小男孩;一個小苦瓜;一隻伸開翅膀不要別人靠近的大老鷹;一個穿著盔甲的

小武士;一個站在爐台邊小板凳上的小女孩等。創意十足、令人驚豔。

當事人閉上眼睛往內就見證了創傷,誠如貝塞爾‧范德寇(Bessel van der Kolk, 1943-)所寫的書名《心靈的傷,身體會記住》(*The Body Keeps the Score*)。當事人閉著眼睛,進入內在聆聽身體,就能跨越時空,直接進到當年的場景,把一個內在小孩帶出來,進入美地,並且在那裡卸下重擔和包袱,規則轉換。這樣的過程可以在十幾分鐘之內完成,然後此經驗就可能直接存檔進入大腦、存入身體。

近年來,筆者(鄭玉英)喜歡上 IFS 的簡明扼要、輕省有力。然而,也永遠難忘劇場的大手筆設景中所展現我們兩位(王行和鄭玉英)工作的特色。一些佳作,至今難忘,例如:虛構一場夢境,在夢境中,與失散離家的父親在牛排館裡相見,在虛擬空間完成未竟事宜;用兩塊不一樣的顏色代表父系和母系兩個家族,分別在劇場兩邊進行雕塑,呈現來自不同家庭背景的父母結合。當然這需要夠大的場地跟兩支以上的麥克風。

我們也有許多道具的創意運用,例如:以紫色布條攔腰牽絆著一個想要外出、卻又放心不下的掙扎,角色扮演者的旁白充分呈現出內心的矛盾。同樣一條寬大紫色布條又鋪成離家和回首道別的道路,其間象徵性傳達了許多意義。色布和音樂在心理劇場本來就很常見,歌曲運用卻絕對是筆者(王行)開始的獨創。他曾經在音樂上實驗許多,後來發現國台語歌曲的效能最佳。他會用音量的大小來陪伴當事人漸進增長的情緒宣洩,以及漸漸收尾下來恢復平靜的歷程,音樂應用也用來同步及節制團體中的情緒動能。這樣的歌曲運用在自我擁抱自己的受傷內在小我、尋找回

了自己和勇敢道別離開走向自己道路的劇場巔峰,讓人留下深刻印象。筆者(鄭玉英)覺得王行真的很棒,這些歌曲至今也還常在夢中蕩漾。對筆者而言,以前家庭劇場中的豐盛複雜,也更襯托出 IFS 的輕巧精緻。兩者殊途同歸、相互呼應!

8 內外兼修的系統工作

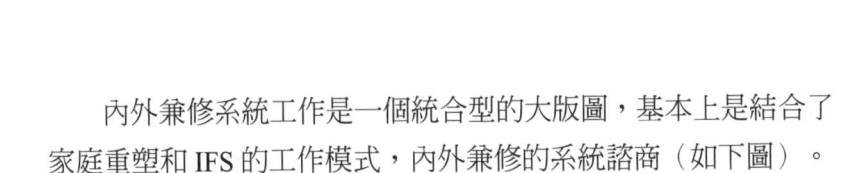

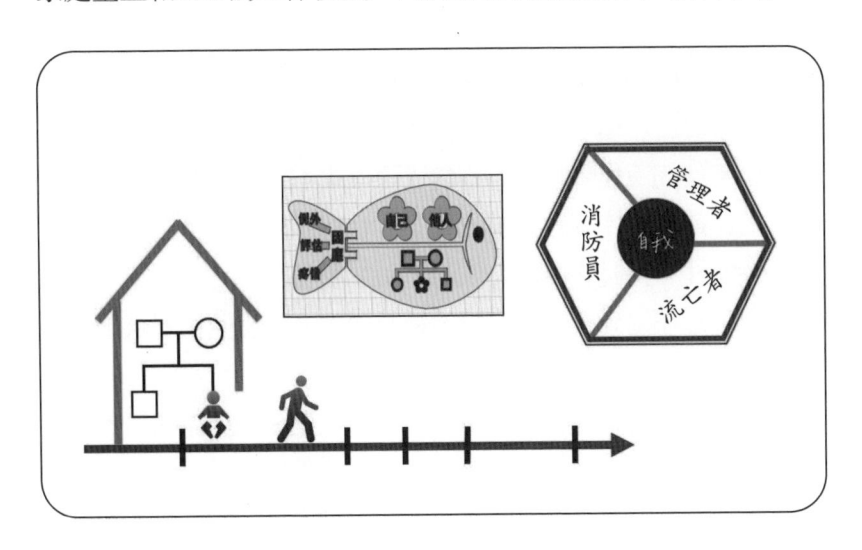

　　內外兼修系統工作是一個統合型的大版圖，基本上是結合了家庭重塑和 IFS 的工作模式，內外兼修的系統諮商（如下圖）。

　　圖的左側是原生家庭的剪影。人在家庭中自小長大，離家外出，成為獨立個體，走上自己的人生道路。

165

橫線是一條時間軸，可以在線上點出生命中的重要事件（如搬遷、婚事、出生、亡故及重大創傷事件的年度），時間停於今日、箭頭指向未來。

右邊是 IFS 圖，呈現現今核心自我和周遭小我。左上方那一條魚是「系統取向個人諮商架構」的示意圖。

內外兼修心理工作的進行

1. 可以從當事人的目前議題或困擾談起，側重困擾中的人際互動。在其敘述中發現值得聚焦關照的小我，包括常用的管理者面貌，同時聽出來可能存有的流亡者，以及偶發消防員的典型。

2. 會在某一個重要小我出現時，可以探索其面貌、功能及起源的時間，這樣或許會發現與年齡有關的小我，在回溯當中見證創傷。也有可能深入一段 IFS 自我療癒。

3. 工作的流程可以從外在的人際互動進到內在動力；可以從目前的困擾議題回溯到過去，也可探索未來不同因應之可能性。探討之中內外兼修，時間轉移流暢。

4. 可以在提到原生家庭時，繪製簡單的家庭關係圖探討當時的背景和人際脈絡。

5. 從家庭關係圖和家庭事件當中，找到至今仍存在的因應方針，且看這些如何影響自己當下的生活。

6. 歷史回顧與家庭重塑做完之後，可以無縫接軌地連到小我的探討和整合，並發現過去的種種如何成為今天的內在部分和小我：多少福分恩典留下的能力、多少當年艱辛留下

8 內外兼修的系統工作

的重擔和包袱，還有裝在包袱裡面或仍囚禁著的流亡者。有一位案主在過程中自述：那隻囚鳥終於成了飛鳥。有人說三十年前命運決定了個性，三十年後個性決定著命運。好在，成熟的自我夠把當年藏到包袱或黑洞裡面的流亡者釋放出來；也能夠讓累壞了的小管理者卸下重擔，放鬆下來。命運影響的個性，還是可以自我轉化的。

7. 追溯小我的起源，往往又回到原生家庭，在脈絡當中看到自己的一路走來，終於可以用今天長大的眼光，檢視當年稚氣而狹隘的詮釋；轉化當年的必須，而治療了當年留下的自責與羞愧。

顧及系統內外的工作方式，也是情理兼備的。允許當下的情緒釋放，也探討其認知解讀和價值觀的形成：

1. 圖中有一條魚，那是象徵走進諮商室的當事人，他有他自己要去的方向。助人工作者需要配合魚兒想要游去的方向，進行諮商服務更要留意魚兒游走的行徑、習慣、模式和例外。

2. 魚背雙花代表的是，關於目前的議題上，自己和重要他人的互動。魚肚代表深度的探討和過去的原生家庭經驗。諮商工作總是從案主的訴求開始，經過或淺或深的探討，最後仍需回到他帶來的困擾和訴求，這才是以案主為中心的服務。

3. 諮商過程中，就是內外兼修、情理兼備、時空轉移，在一條時間軸上穿梭過去與現在之間，四通八達、無往不利。

4. 工作的精進則在於轉折，每一個轉折的靈巧和途徑，還有深度和速度的拿捏。這些需要持久的操練和經驗的累積。

167

內外兼修並非什麼新名堂的異軍突起，而是一塊一塊工作的累積和銜接。不是超越了什麼門派，而是整合了人際與人內，優點在於幅度寬廣與轉折流暢。

IFS 工作何以如此輕省？那是因為工作者有豐厚的家庭系統概念，因為整個家庭關係圖和記憶都容納在當事人的身體裡。至於家庭劇場能夠有磅礡氣勢，乃是因為有團體動力的拿捏和對團體系統的關照。工作規模可大可小，全在系統思維運行，以及對當事人的真誠尊重。

系統工作能不能自助進行？

記得筆者（鄭玉英）年輕的時候，如果心情不好或感覺思緒紊亂的時候，就會找一家咖啡店坐下來，拿一張白紙在上面寫寫畫畫，列出當時讓自己心亂的一些部分小我。一杯咖啡、半個下午就能夠心平氣和地回家，當年跟周慕蓮修女學到自我綜合心理學之後的自我整理，似乎非常自然地成為自我成長的一個方法。

如果學會方法，系統工作是可以自助進行的。誠如薩提爾所說：先戴上偵探帽，理性地蒐集家庭史料，然後再投入情感、進行經驗性的察覺，並整理自己與原生家庭重要成員之間的關係，自然能夠有所收穫。自助家庭重塑是可以一輩子進行的過程。

IFS 更是強調「自我」整合、「自我」療癒、「自我」靈修，本來就是可以自我主導、自行運作的。當然，家庭重塑在偵探帽的部分容易自己做，要治療體驗的時候，還是有個人陪伴比較好。IFS 的自我整合部分容易，自己做沒有大問題，但是在創傷和流亡者深度處理的時候，就像人不容易給自己開刀跟拔牙一

樣，還是要有專業人士協同陪伴輔導來進行，才是比較妥當的。

　　靈修當然是自己的靈性歷程，但是走到深處也需要有屬靈導引，靈修指導才不會走火入魔。能有一個人願意陪伴和指導，何嘗不是一種幸福。

第四部分

實務工作者的溯與塑

9 再塑「家庭重塑」

家庭重塑在台灣

1985 年的冬天,台灣心理衛生界的精英群聚在陽明山,等待著令人興奮的一刻:國際級的家族治療大師薩提爾女士即將出現在「家之生工作坊」(Family Growth),親自示範她風靡世界的治療風格。

用「風靡」二字雖然好像在形容演藝人士,對於一向嚴肅的專業殿堂恐有不妥,但對薩提爾來說,這正是對她專業光環的最佳寫照。因為比起其他的治療學派,薩提爾的魅力就在「雅俗共賞」,能用最淺顯易懂的方式,將複雜的心理與家庭動力理論,介紹給各種不同文化領域的人士。就如同當時也在現場參與的東吳大學李瑞玲老師,就曾經在《薩提爾治療實錄》一書的譯序裡,描述過對薩提爾的睿智,及其輕易跨過東西文化界限的功力之感嘆。

在筆者(王行)自己的認知中,吳就君老師是將薩提爾其學以及其人帶進台灣的最重要關鍵人物。她曾在 1975 年的哥本哈

根與薩提爾相遇在工作坊中,吳老師亦經歷了跨越國界的感動與愛。

其實早在 1970 年代,吳老師就帶著精神醫療領域中的各個英雄好漢研習心理劇和家族治療。一些重量級的資深臨床工作者,像是楊蓓、萬心蕊、陳韺、呂旭亞等都曾受教於吳老師。當時,吳老師可說是薩提爾的最佳詮釋者,她除了了解薩提爾的方法外,自己也有一種迷人的專業風格。

1988 年薩提爾過世後,由於呂旭亞老師的熱心,成立了台灣的「薩提爾中心」。同時,在香港友人沈明瑩老師的協助下,葛莫利和貝曼兩位薩提爾老友,同時也是薩提爾模式的資深訓練師,開始陸續每年來台灣主持「家庭重塑」以及「薩提爾模式」的工作坊和訓練督導課程,為更多台灣的心理衛生與家庭工作者奠下相當完整與系統的薩提爾派之專業基礎,直至今日。

重塑台灣的家庭

家庭是一個整體,傳統的家族更是一個龐大的組織,如何讓這整體的組織能夠「永續經營」,似乎是大多數東西方傳統家庭精神所強調的價值觀。從儒教的「傳遞香火」到《舊約》中上帝對亞伯拉罕的許諾,都在這「永續經營」的價值中,兢兢業業。

傳統的本土家庭重視家族與社會的關係,強調孝道的精神,因此個人的榮辱發展,與整個家族的名譽聲望是不可分割的。在此「息息相關」的家人關係中,個體的志趣與情感往往需要妥協與折衷,才能維持整體的平衡。在本土的家庭工作中幾乎隨時可

見個人為家族過分犧牲委屈的故事，或是奮力掙脫「家鎖」的戲碼。這些家庭劇本的結尾經常是「平安」地維持了一個家族的完整與穩定，但也藏著不少個人事業、愛情和人生的悲劇。早在「五四」時代，中國的青年知識分子就有這樣的感慨，像是傅斯年在《新潮》創刊號的文章裡，就對中國家庭吞蝕年輕人的事業心與道德感發出深切的嘆息，並感慨中國人因為遷就家族，而失去了自己。

然而，百年後的今日，台灣年輕人是否也有類似的告白？

家庭重塑在人本主義與個人主義的意識型態下，薩提爾對「家」的詮釋當然迥異於傳統的家族思想。透過這些年台灣薩提爾追隨者的專業工作，也將一種對人與家庭的新信念，傳播在本土的家庭文化中。這些與傳統不一樣的個人與家庭觀念，雖然還不是洪流，但總會影響到一些人和他們的下一代。

從傳統的黏結到現代的分化

家人彼此相愛，卻也彼此受傷。容易受傷正因彼此相愛，期望對方重視自己，希望家人如己所願。不管是罵對方也好，勸對方也行，一切都只是在乎對方，也希望對方在乎自己。在這種愛的實踐下，家人互相背負著彼此的情感，也糾葛著彼此的情緒，使家人因愛而窒息。

薩提爾的家庭重塑是一種「分化」的心理衛生觀念，認為愈是相愛的人愈要學習分化，才不會愛到沒有界限，愛到失去主體性，愛到缺乏自我，而終日活在失愛的焦慮與被愛控制的恐懼。

從隱忍文化到一致性的學習

誰都經驗過：因為太在意對方，以致不能說出心中的真正感受，尤其是一些負向的感受，可能會傷人的感受。

誰都遇到過：把內心的想法表達出來後，卻把事情愈攪愈糟、愈弄愈大。

因此，為了不傷害彼此，「息事寧人」雖然不是很好，卻是成了不得已當中的座右銘。我們每一個人在家中，很早就學會了一種「家庭政治學」：

每一個人依其角色，說該說的話，或是不說不該說的話。

每一個人依照時間，說該說的話，或是不說不該說的話。

每一個人依照場合，說該說的話，或是不說不該說的話。

久而久之，我們就學會什麼時候該隱忍，才能維持家人的和諧；什麼時候可以放肆，才能展現自己的影響力。這是一種政治正確，也是一種屬於「政治」的智慧。

古人治家早有「三緘其口」慎言之誡。而在傳統的教誨中，我們學會「沉默是金」的道理，「隱忍文化」是被男人、女人、大人、小孩共同遵守的。彼此相敬如賓，變成夫妻共處的最佳祝福與期許。在一個人際極其複雜的家族關係中，以「隱忍」為主的「家庭政治學」成為大家必修的課程。雖然每個人不一定都修的很好，但這門學分成了個人「修身、齊家、治國、平天下」的能力指標。也因為有此共識，所以也成了維繫整個大家族，甚至族群之間的穩定與整體的和諧之基礎。

「五四」期間的青年知識分子，曾把這種以「隱忍文化」為

再塑「家庭重塑」

主的「家庭政治學」稱之為「奴化」，而對被「隱忍文化」要求最高的婦女深表同情。但當時具有覺醒意識的五四青年們（以男人為主），在論述自主性可貴的同時，一面努力掙脫「家鎖」的控制，追求自己高尚的靈魂，卻一面將長輩替他安排的女人，像人質般地留在深宅大院中，繼續「隱忍」著。

1920年代的中國，在動盪的文化環境中，結了多少家庭倫理與兒女情長的恩恩怨怨，如今都成了小說家筆下動人的故事，像是在台灣熱門一時的《人間四月天》與《橘子紅了》，就是明顯的例子。

進入新紀元的台灣，不知還有多少人在繼續以傳統的「家庭政治學」與所愛的人相處，相互地以「隱忍」共度一生，並且期待自己的子女繼續維繫著這千古的價值，都能為「大局著想」。然而，所有的父母都做過子女，所有的老人都曾經年輕，所有相許的人也曾有過獨立的靈魂，難道不會為自由的靈魂吶喊而有所悸動？

薩提爾的家庭重塑帶給台灣的，是以與「隱忍」的「家庭政治學」不一樣的眼光來看待「家」與「個人」間的政治。雖然她的眼光在古到今、從西到東都不能算是新的視野，但卻又比眾多的哲學家與心理學家更平易近人地貼近「要害」。

薩提爾對家庭的政治理念就是：表裡一致（congruence）。在家中與所愛的人相處，表裡一致永遠是所有家人內心共同的願景。透過表裡一致，我們可以真的表達彼此、真的了解彼此、真的與家人親近。當然，表裡一致不一定會解決複雜的家人間之問題，也不是所有家庭的標準答案，卻是家人之間可以共修的新「家庭政治學」。

經過多年的耕耘，薩提爾模式在台灣成了心理治療和家庭專業工作的主流學派之一，甚至也為許多喜好心靈成長課程的民眾所熟知。心理衛生的工作者幾乎都在不同程度上受到她的影響，而在不同的工作崗位上，為台灣的家庭與個人從事身心健康工作。在眾多薩提爾的追隨者和學習者當中，我們兩位（王行和鄭玉英）的「家庭重塑」或許也有其分量。如今十數載寒暑已過，重看這些過去的工作與心得，心中竟興起「重塑」家庭重塑的衝動。

10 虛擬「台灣家庭重塑」

後現代的文學作家認為，當作品出版釋出後，作者已死。怎麼去理解作品的意義，怎麼去使用作品的內容，完全是讀者的權力。而不同的讀者因其不同的文化脈絡，選擇其最佳的理解（或誤解）與運用（或誤用）。此時的理解與誤解、運用與誤用的判斷，作者的叫囂只是眾多聲音之一罷了！

薩提爾已逝，在其生前死後，有多少弟子門生在各處運用家庭重塑，也形成了薩提爾模式的多元風貌。而所建構出的不再只是「薩提爾在台灣」，而更是「台灣的薩提爾」和「台灣的家庭重塑」。

以下是幾個突顯台灣歷史文化中，多元與美學的虛擬家庭重塑。選擇用「虛擬」二字乃因：

1. 多年工作，太多實例走過眼前，累積出一些「共相」，而已經無法記得每一個「殊相」的史實。
2. 其實，在家庭劇場中進行的團體中之感動和分享，不也帶著似幻似真（故事是幻、情感是真）的成分嗎？
3. 因為是「虛擬」，所以更可以將我們對「台灣家庭」與「重

塑工作」的「想像」，不拘泥地表達出來，讓讀者更容易看到我們對「台灣的家庭重塑」之經驗與願景。
4. 套句後現代治療的名言：「每一個困擾就是一個故事，治療則是另一個故事；人生也只不過是一個故事！」

雖然以下的故事都是虛擬的，我們在意的是情感而不是故事情節，但仍想對所有曾經一起在家庭重塑工作坊中走過成長路的台灣朋友致上謝意，謝謝你們讓我們的人生豐富，並且充滿回憶。

父親的鄉愁

> 曾為梅花醉不歸，佳人挽袖乞新詞。
> 輕紅遍寫鴛鴦帶，濃碧爭斟翡翠卮。
> 人已老，事皆非。花前不飲淚沾衣。
> 如今但欲關門睡，一任梅花作雪飛。
>
> ——朱敦儒〈鷓鴣天〉

志強的心中感覺爸爸像個謎，每次想靠近他，開口說個幾句問候語，兩個男人就詞窮了。愈長大愈覺得爸爸是個孤單老人，連自己也離他大老遠的，彷彿有座山擋著似的。

本來日子也就這樣過了，然而當自己婚姻觸礁後，愈發覺得老爸的孤獨。當看到年邁的男人，落寞地盯著電視看了一整天，彷彿像是自己未來的寫照，就愈想逃離這種詛咒。以前小時候曾立志要做一個跟爸爸不一樣的男人，可是過了四十以後，卻覺得自己和老爸愈來愈像了：枯燥的婚姻、一成不變的日子，好像一

個翻版!而也是心中這種對「翻版」的恐懼,使得自己做了一個連自己也難懂的決定:「離婚」。到現在已經兩年了,前妻忙小忙大似乎愈過愈好,反而自己還像個「魂」似的,飄啊飄的!飄到了「家庭重塑」工作坊……。

　　志強說:我老爸是一個性情陰沉的人,小時候對他最深的印象就是他一個人坐在客廳的角落裡抽菸看報,整個人籠罩在雲霧當中。有人跟他說話,他總是有一搭沒一搭的,久了媽媽的許多事情就不再問他,自己作主了。媽媽倒是個開朗的人,十分健談,常常帶著我到鄰居家去串門子。一夥人納涼聊天,就屬她話最多、嗓門最大。媽媽對爸爸大概也死心了吧,常跟人說「志強他爸爸是悶葫蘆,一個扁擔也打不出一個屁來」。顯然媽媽不滿意爸爸的沉默,我心裡偷偷覺得媽媽這樣說爸爸很不好聽,但也跟著大夥兒笑,心中卻有點擔心坐在家中的爸爸,大概是男孩子吧,常常偷偷渴慕親近爸爸,卻覺得困難極了。

　　在家庭重塑之前,志強為了蒐集資料硬著頭皮找爸爸聊天,說是要交功課,探討家庭歷史。令他驚訝的是,爸爸話匣子一開,把陳年往事都搬了出來,一連談了兩個小時,或許爸爸也從來不覺得兒子會對他的故事有興趣吧!這一回談話倒是拉近了父子的感情。

一、志強的「家族故事」

　　爸爸的東北老家是在縣城裡最大的一條街上開糧行的,曾經生意好到需要雇上十來個身強力壯的小夥子來回招呼著。在城裡只要提起「榮記」,沒人指不出來在那兒。鄉下人要是第一次進城,都以他家店鋪當地標相約在門口見面。這條興盛了好幾代的

走馬大街,連「僞政權」時還維持著尊嚴,雖然年頭不對,已不似往昔繁華,但也還是人來人往熱熱鬧鬧,畢竟「鬼子」也要做生意。

街坊鄰居都是老店面,常常有來有往,誰都知道才十來歲的「榮記」三少爺考進了省城的洋學堂,大家都傳著:榮家過幾年就會出個喝洋墨水的「縣太爺」了!雖然時機不對,可是三少爺的「講究」可從來沒馬虎過。到放假,只見他穿著黑呢長大衣、揣著厚皮書走在大街上,不知羨煞多少人家。

好不容易巴著「抗戰勝利」,民國三十四年(1945年),東北卻被「解放軍」接收。夜裡挨家搜戶清查特務,此時讀過「洋」學校的三少爺,為避瓜田李下之嫌,連夜逃到天津,輾轉向西,卻在半途給國民軍「拉伕」。對十八歲的三少爺來說,這未嘗不是件不幸中之大幸,起碼跟著部隊走,不會吃些兵荒馬亂下的悶虧。可是當部隊一路南下,來到蜀漢之地,三少爺已經知道離家愈來愈遠了。而前方告急,家鄉音訊渺茫,又無法捎些隻字片語報平安,三少爺只好一個人硬著頭皮,緊跟著部隊到了台灣——一塊想都沒想過的土地。那年是民國三十八年(1949年)。

跟家人失聯的榮家三少爺,多希望能看到失散的親人,盤算著回家的日子,一心只想著早點「反攻大陸」。本來從來沒把台灣這小島放在心上,可是日子卻愈晃愈久,「家」的感覺在心也就愈埋愈深。有時好怕想起它,有時又好怕忘了它。那年中秋,有老鄉趁著酒意哼著《松花江上》,簡單的幾個音符卻讓這位落難公子情緒崩潰了!

在軍中沒人知道三少爺,倒是「老榮、老榮」地叫得熱呼呼

虛擬「台灣家庭重塑」

起來。沒能仗著自己的家世，全靠著肚子裡的一些「墨水」，漸漸地也混開了！雖然沒打過仗，但是辦起參謀總務來挺俐落的，尤其從小家中開糧行見慣了場面，長官交代的事一下子就服貼妥當。在長官的賞識提拔下，也不在乎是不是「正期」出身，不一會兒就升了軍官。後來運氣不錯跟對了人，從軍職轉任公職，雖然不是「縣太爺」，但也在「省主席」下，真的當了「芝麻綠豆官」。

對「家」的心情是矛盾的，想要一個「家」，又怕自己有了「家」，就不要了遠處的「家」。在這樣的糾葛之下，老榮成了自己的「家」。民國四十五年（1956年），認識了在機關上班的阿美，台灣中部海邊的女孩，純樸地梳了個大馬尾，不像在應酬中見到的外省女孩般「作怪」。三個月後，年近三十的老榮，一如當年毅然決然地離鄉背井般，做了快刀斬亂麻的決定，找個勤務兵開了吉普車，就到沙鹿提親了！雖然準丈人滿口答應，但是阿美的媽，只當是女兒要嫁給「老芋仔」，福禍難卜難過地嚎啕大哭起來！老榮見狀，心頭不是沒有疙瘩，而暗自地發了誓：非要讓阿美吃香喝辣過一輩子，好叫這個鄉下老婆子見識一下，自己的女兒是修了幾輩子的福，才攀上了「榮家三少爺」！

婚後的日子，兩人過得並不太順利，阿美不喜歡官場應酬，老榮卻覺得要教她見見世面，像是個「榮家媳婦」。阿美持家甚儉，非有必要絕不花費；老榮卻成天講究排場，出門不是派公務車，就是坐三輪車。每到回娘家，兩人一定會大吵一架，老榮非得阿美穿金戴玉，再坐個四輪轎車回去，才不會丟「榮家」的臉；阿美深怕鋪張奢華，被鄉家說閒話，說她爸爸是因為貪圖錢財，才把女兒嫁給「老芋仔」，所以寧可脂粉不施的，頂個身孕，坐

客運一路晃回家！這樣的日子久了之後，吵也吵煩了，孩子也一個個生下來。兩人日子像是各過各的，一個成天應酬，一個足不出門。平常也只有一些簡單的對話，免得惹彼此生氣。

民國五十八年（1969年）台灣退出聯合國，民國六十七年（1978年）中美斷交，老榮心中的夢碎了，鄉愁卻更深了！轉到「省府」的仕途愈來愈不順，政府用人的政策改採「本土精英」，許多後輩被破格任用，紛紛爬到了上頭，不是成為自己的長官，就是變成長官的紅人。從前眼中的「老土」，成為現在的「新貴」。官場的氣候換了，應酬的氣氛也變了！老榮發現自己的鄉音，竟然與席間流利的台語有些格格不入；或許是自己太敏感，但是在杯觥交錯之間，少了同為鄉愁的安慰，使得老榮更為意興闌珊……。

淡出之後的老榮，發現在自己「家」中感受不到「鄉」的感覺。面對都在本鄉本土長大的妻小，自己彷彿是個「異鄉客」，總有種淡淡的「鄉愁」，阻隔了與家人的親近。直到民國七十六年（1987年）開放探親，正如同他當年隻身前來這個島，老榮如今也是一個人踏上「回家的路」。也不知道在「歸鄉」中發生了什麼，回來之後的老榮變得更沉默，只知道榮老爺子早在文革時就走了，「榮家」成了「黑五類」……。那條「走馬大街」還存在著，只是「榮記糧行」早就改建成國民公寓，住著姓張的、姓李的……，就是沒有姓榮的。

二、志強的「家族劇場」

導演根據志強的描述，讓那條大街出現了，這回團體室夠大、人夠多，賣油的、綢布莊、中藥行，還有最後一家「榮記糧

行」。一些小攤販，順著一條象徵馬路的白色長條布幅，在兩邊擺設起來，一個彪形大漢扛著一袋子大米吆喝著走過來，後面從容走著的是榮老爺子，街坊紛紛向他道賀：

「榮老爺子，恭喜！恭喜添丁啦！」

「榮老爺子好福氣，又生了個胖兒子！」

導演邀志強扮演榮老爺子，也就是自己的爺爺，靦腆地道著謝，應景地說：「滿月了，請大家喝酒！」

雖是虛構的場景，大夥兒仍然在導演的安排下跨越了時空，回到志強父親出生時的家。

接下來，導演用「雕塑」的方法，呈現出榮家又添了一個弟弟和一個妹妹。旺盛的人氣、幸福的家庭、安居樂業的平凡百姓，在家庭重塑場景中出現時，讓在場同為中國人的我們感受到上一代曾經擁有過的富裕。導演請志強演不到十二歲就離開家去念書的爸爸——榮家三少爺。臨行前，榮老爺子交待這榮家三少爺一番話：「榮家總要有個念書當官的，做生意雖然生活容易，但是不比做官，可以為祖上爭光！」少年老成的爸爸，恭敬地接下象徵祖命的黃絲帶綁在腰上。「這在戰亂和異族統治的歲月裡，是很不容易的使命；孩子！離鄉背井的你會怕嗎？」導演輕聲地問著演三少爺的志強，「會！可是我知道我必須克服，因為未來的榮耀和成就是屬於我的！」此時場中響起音樂，像是祝福著年少老成的三少爺追尋著家族的理想；扮演三少爺的志強，就隨著音樂慢慢地走向舞台盡頭……。

第二幕開場，導演安排兩位成員拉著象徵戰爭的黑色布幔在場中奔跑，衝散了布莊、撞倒了油罐子，全場幾十人一起流竄奔跑，耳邊響起悲壯的樂聲，推推撞撞中，好多人隨著大時代的變

動,分崩流離。導演引著榮家相互牽著的手,避免被衝散,卻怎麼也無法接近身在另一方的榮家三少爺。家人呼喚著三少爺的乳名「龍兒」,一聲聲地都被場中沉重的音樂聲淹沒,而演三少爺的志強已被人潮擠到角落、蹲在地上,暗自掉下淚來。這樣的戰亂與離散、驚恐與失落豈只志強家人,這是屬於中國的苦難,也是我們許多人的父母所經歷的創傷。許多在劇場中的成員,眼淚不聽使喚地往下流,隨著音樂,跟著人潮推擠衝撞著體驗家族歷史裡的「原創」。

音樂止在哀傷的空氣中,劇場一陣沉寂,只聽到淚水唏噓。許多成員和志強一樣,已成了淚人兒,直到有人遞來面紙,導演也才回過神來。一個成員打破了許久的寂靜,緩緩說出她的家族「原創」:「恍惚中,我彷彿也見到了我的父親,年輕的他因為獲知有同學被日本憲兵隊帶走失蹤,當時在校園裡很活躍的他不敢久留,就這麼離了家鄉,撇下母親與幼小的姐姐。此後,爸媽聚少離多,飽受戰亂帶來的遷徙流離之苦⋯⋯。」

「民國三十二年(1943年),父母抱著剛出生的哥哥在上海躲警報,又因上海危險,爸爸把妻小送到北平朋友家寄居。剛才,我好像見到天津港口,母親擠上最後一艘開往基隆的『美幸輪』,在嚴重擁擠又搖晃動盪的船上,年幼的姐姐吐出了肚子裡的蛔蟲。那是一艘難民船,卻載出了我的一些親人奔往台灣與父親會合⋯⋯」另一位成員也說出了她從小聽到大的故事,卻從沒有像今天這樣淚流。

經過這些分享,導演再請大家回到志強的「家族劇場」,邀請志強與父親對話。

「爸爸,難怪你那麼怪,你人在台灣,心向家鄉。我現在可

以了解你的失落感，你該早些說出你的心事！」

「我對不起你媽媽，可是我更對不起留在大陸的家人，畢竟我不顧他們逃到台灣，而不知他們為我吃了多少苦……。」

沒等爸爸說完，志強流著淚搶著回話：「爸！你說將來我們不用孝順你，因為你也沒有孝順自己的父母親……過去的都已經不在了，『榮家』已經在台灣了！你不能因為想家就成天活在過去，讓我覺得離你好遠……。」

失落的親情以及深深的罪惡感，隔絕了父子之間的溫情。

三、第三幕開場

導演安排志強站在椅子上，從高處看著。然後，讓演爸爸的成員背著大大的包袱，象徵著滿滿的鄉愁與沉重的歲月。爸爸佝僂著背，年華已逝的「榮家三少」，如今要踏上歸鄉之路了。劇場上擺滿了起起落落的桌椅和蜿蜒崎嶇的大布條，場中悲壯的音樂旋律再度響起。時光回到民國八十年（1991年）的春天，老榮當年跋山涉水，現在依然千山獨行，所不同的是，肩頭背了更多償不完的情、補不盡的意。

導演在劇場的另一端擺了張椅、搭了帳，裡邊坐著年少的「龍兒」和爹娘，等著老榮回家。志強在高處看著年邁的爸爸，堅定地往回家的路走，不禁流下淚，對著爸爸說：「加油！家快到了……。」此時，導演請志強演在帳中的「龍兒」，跪在爹娘前，拜別了家，踏上離家之路。在場中一老一少、一往東一往西，在背景樂聲中，對繞著走過千山萬水。老榮在一端邊走邊望著龍兒，喊著：「不要怕！前方就有家了……。」扮演龍兒的志強在另一端，對著老榮喊著：「加油！快到家了……。」

此時，導演請另一位成員來演龍兒，讓志強再站回高處，看著老榮與龍兒在場中踽踽前行，並且邀請觀眾們一起與老榮或龍兒走在一塊，場中於是多了許多沉重的腳步。有人喊著：「不要怕！前方就有家了……。」有人喊著：「加油！快到家了……。」導演站在志強旁，遞了張面紙說：「志強！這就是你我生命的根源和生命的力量！」此時，劇場放出了1930年代的老歌《松花江上》。

走出貧窮

> 碧雲天，黃葉地。
> 秋色連波，波上寒煙翠。
> 山映斜陽天接水。
> 芳草無情，更在斜陽外。
> 黯鄉魂，追旅思。
> 夜夜除非，好夢留人睡。
> 明月樓高休獨倚。
> 酒入愁腸，化作相思淚。
>
> ——范仲淹〈蘇幕遮〉

貧窮帶來的不只是生活困苦，金錢短缺也可能招致身家喪亡。家族中的貧窮經驗會影響下一代的金錢觀念和生活態度，如何走出貧窮的狀況，也走出貧窮帶來的心理陰影？

建國念書很優秀，國立大學畢了業，卻一直沒有理想的工作，兩年來換了幾個工作，都高不成低不就。眼高手低是他的問

題，輕微的沮喪常在他心頭，口中卻常出批評之語。心中很想有大事業，他跟爸爸的關係壞透了。

他說：「爸爸常罵我不能吃苦，也笑我沒有吃過苦，這話讓我反感，但更難過的是他說的是對的，所以我才會像現在這樣沒出息！」

一、建國的「家族故事」

祖父家是幾代佃農出生，胼手胝足辛苦一輩子，長期受到地主的欺壓剝削，個性沉默地只會做著田裡的工作。雖然民國四十二年（1953年）後政府推行「耕者有其田」，大部分的佃農都有成為自耕農的希望，可是養了一大群孩子的祖父，已經無福消受，就在那年的颱風中過世。

爸爸是老二，上面有個長姐，下面有幾個弟妹。祖父說爸爸是長子，自小聰明會念書，值得供應他。縱使對靠天吃飯的家庭而言，學費是一大筆開銷，但大家都知道「窮人」要翻身，就只有等著一個聰明會讀書的「孝子賢孫」。建國的爸爸就成了吳家的一線生機。

祖父去世後，柔弱的祖母禁不起重擊，精神有些恍惚地一天過一天。大姑「長姐若父」挑起一家的擔子，「自耕農」當不成，只有挨家挨戶去做別人田裡的「小幫手」，晚上還要撿些爛菜野果，賺著比祖父更辛苦的錢，才能撐起一家人。家中其他孩子還小，爸爸又要念書，只有課餘才能幫助大姑做些田裡的事。

直到民國四十八年（1959年），又是一個颱風，再次無情地打擊這個搖搖欲墜的「家」。夜裡，大姑突然被連燒了幾天的「感冒」擊垮，昏倒了。當時家裡窮的不得了，向鄰居賒的賒、

借的借,早都成了拒絕往來戶,著急的爸爸連向鄰居借腳踏車載大姑去看病,都遭到「白眼」。只好背著大姑,淒風苦雨地跑了幾里,到鎮上醫院門口時,卻已經嚴重得等不到後送大醫院就斷了氣。

同一年夏天,「八七」水災迫使爸爸帶了一家人離開那殘破又無情的「家園」,也成了有機會被政府照顧的「受災戶」。搬到台北後,又被社會局列入「貧戶」,終於有些資源接濟,可以使爸爸有餘力靠著半工半讀撐起一個「家」,卻也從此開始了他一生的「憤」鬥史。

經過了多少忍辱負重的日子,不敢辜負大姑與家族眾望的爸爸,終於靠著優秀的學識與專長,為吳家脫離近百年的「貧窮」,有了令人羨慕的專業地位,擠進了精英生活,同時娶了位相當仰慕其才華的富家千金。但是,「貧」這個字卻也深深地烙在爸爸的自尊心上。

建國認識的爸爸是一個偏執的工作狂,經常工作到深夜,從來都沒有輕鬆的一刻。偶爾在餐桌上見到他,都是板著臉詢問孩子的功課,彷彿除了成就以外,世上沒有別的值得去努力,而生活中的一些享受都成了罪惡。雖然有錢,但是節儉成性的爸爸最看不得人花錢,小時候的建國總聽見大人為錢吵架。「你們這些沒有吃過苦的!」是爸爸對他們最大的譴責,於是在吳家沒吃過苦,成為一種原罪,深深烙在媽媽和孩子們的身上,像是一種次等人。

媽媽出自一個富裕家庭,優渥的環境使她個性好玩。嫁給爸爸後,常被冷嘲熱諷:「『好人家』的小姐吃不了苦,花費太大!」久了以後,幾乎都有些神經質起來,總覺得自己實在是不會「持

家」，而配不上這位「優秀」的男人。

爸爸對建國的期望很大，標準也很高，念公立明星學校是最起碼的條件。建國從小拚了半死，終於讀進一流學府，爸爸卻只是勉勵了一句：「不要太得意！念這種系不會有出息的！」建國於是把所有的大一時間花在拚轉系考試，終於擠進了爸爸心目中還算有前途的科系，總算鬆口氣地玩起服務性社團來，三天兩頭地上山去看孩子們。但等不到畢業，爸爸又「旨示」該早點準備考研究所，硬生生把他從山地服務隊給叫回來，直接送進了補習班。

大四時，建國出現了身心症。有一次在爸媽面前坦誠自己覺得長期的壓力，已經身心俱疲了！爸爸以他一貫的態度訓示兒子：「就是吃不了苦！」建國終於崩潰，像是著魔似的把心中的苦悶一股腦兒發洩出來。媽媽在一旁掉著淚，想安慰這個飽受精神煎熬的兒子，可是望著盛怒的爸爸卻也不敢多說一句話。

自從這次「革命」以後，爸爸再也不「旨示」建國了。然而，父子的關係也更形疏遠，偶爾兩人有些簡單的對話，卻又草草地結束，像是彼此在迴避什麼。建國知道，爸爸對自己當完兵回來後一直沒有理想的工作，一定很失望。可是自己又真的不知道，如何能使自己抬起頭來做「好子」。直到有一個颱風來襲的夜晚，建國意外地看到直視窗外的爸爸眼眶紅了，若有所思地問建國：「山上的孩子有地方避雨嗎？」當晚建國躲在房裡哭了，這次不是為自己，是為爸爸。

二、建國的「家族劇場」

第一幕的場景設在爸爸童年的家鄉──「一塊不被天公眷顧的土地」。

幾塊黑布象徵著已被風雨摧殘的家，大姑牽著哀傷的祖母，帶著稚齡的弟妹，送走了辛勞一輩子卻等不到出頭天的祖父。導演此時安排建國去演才只有十歲的爸爸，望著比她大五歲的長姐，聽到她口中對著天發誓：「多謝天公結束了阿爸一世的艱苦，剩下的債我會替阿爸還！」演爸爸的建國也流下了淚說：「阿姐，爲什麼要妳來還，妳是女生，該是我的債！」大姑摸著建國的頭：「阿爸說你是吳家的寶，我不能讓你累壞了！」

接下來，導演用幾個大抱枕，讓大姑頂著，象徵著肩頭的包袱，成天挨家挨戶地討臨時工來做。這樣的日子，觀眾在一旁齊數著「一冬、兩冬、……」，阿姑拖著步伐，口中獨白著：「年華去了，卻也不敢想到自己的前途，畢竟一屋子的負擔，哪家又敢要！」觀眾繼續數著「三冬、四冬、……」，阿姑仍然蒙著頭，疲憊地往前走：「實在好累，每天睡沒幾時，但是不能讓阿母知道，免得她又會煩惱！」當觀眾數到「五冬」時，阿姑在舞台上倒下了，演爸爸的建國在舞台上喊著：「誰來幫幫忙！」「拜託誰來幫幫忙！」舞台的燈暗了，回答爸爸心中呼喊的，是一陣沉默；爸爸繼續喊著：「拜託幫幫忙！」「拜託幫幫忙！」此時，時間像是靜止了，死寂的空氣凝結出年少的哭聲：「妳怎麼不再等我幾年？等我念完書！爲什麼不等我賺錢給妳治病、給妳享受！」舞台流出哀傷的歌聲。

當歌聲結束，導演請別人來演爸爸，請建國在旁邊看著這年

少的爸爸。爸爸站在阿姑的身旁對著天公說：「為什麼那麼勢利，只看到有錢人，就不管我們沒錢人，我發誓要出頭，不要再被欺壓！」導演邀請建國對年少的爸爸說說話，建國低聲地說：「我從小就覺得你看不起我，覺得你好勢利，只看到有成就的人，我也不只一次發誓要出頭，不再被你壓！現在我可以感受到你心中跟我一樣痛苦、一樣寂寞！」

　　第二幕的場景設在建國的家──「一個被天公眷顧、卻不容享受的地方」。

　　幾塊黃布代表著吳家的成就與榮耀，然而陰沉的爸爸卻坐在角落看著窗外的風雨。建國進場，站在爸爸的身後喊了一聲：「爸！」爸爸嗯了一下，沒再搭腔。兩人沉默了許久，空氣又凝結了。若是在平常，建國一定會不安於這種冷澀的氣氛而退縮，可是在舞台上，建國被導演鼓勵做些不同的。雖然是舞台，但已經相當入戲的建國依然忐忑地說了話：「又有颱風了！」爸爸無語地看著窗外，點點頭。建國繼續：「爸！你一定對我很失望，到現在一點成就都沒有，我一點也不像你的兒子，可是我也真的很努力了！」導演請建國去演爸爸，另外再找替身演建國，對爸爸說：「你一定很失望，我不像你，可是我真的很努力了！」導演請建國演的爸爸回答建國的話：「唉！工作三天兩頭的換，就是吃不了苦！」導演對爸爸說：「吳先生！你知不知道建國很在意你的眼光？」爸爸點點頭，導演繼續說：「而你大概也知道，他總是在等著有一天，可以證明給你看，他也是能出頭的！」「只是當年壓你的是天公，現在壓他的卻是你！你就像他的天公一樣！」「吳先生，當建國的天公，你感覺如何？」爸爸望著導演：「我不曉得我成了他的天公，我只是希望他能夠出人頭地，

不要被人看不起，吳家的人永遠不要再遭受別人的『白眼』！」導演拉起建國的手，看著爸爸懇切地說：「可是現在只有兩個人給他『白眼』，一個是你，一個是他自己；你希望他給自己『白眼』嗎？」爸爸若有所思地搖搖頭。「你想當一個給兒子『白眼』的天公嗎？」導演問著默然看著建國的爸爸。

三、第三幕——導演用兩個雕塑作為場景

　　劇場的一邊雕塑的是與天公爭的爸爸，天公站的高高的，而爸爸身上纏著各色的布條，一端由天公抓著，象徵老天爺對他的擺布與控制，一心想要使這桀驁的孩子屈服。然而，爸爸眼中露著不馴的眼神，透過布條與天公角力著。

　　劇場的另一邊，則是由另一位成員扮演爸爸站在高處，建國的替身全身纏著束縛的布條，一端握在爸爸手中，而演建國的替身蹲在爸爸的腳前，沮喪地望著嚴肅的爸爸。

　　導演問在一旁觀看雕塑的建國：「你在這一幕中看到什麼？」

　　「我和爸爸的不同。」

　　「怎麼說？」

　　「同樣都被壓，但他是不屈服的，而我卻像是乞憐的狗！」

　　導演繼續問：「你知道為什麼你們有這樣的差距嗎？」

　　建國垂著頭：「只是因為他吃過苦，而我不如他。」

　　「這可能是原因之一，起碼是他告訴你，而也是你相信了一輩子的原因。而我有另一個看法，你想參考一下嗎？」導演用詢問的口氣，對一旁默然點頭的建國說：「因為壓他的是無情的天公，而他對天公只有怨。壓你的是希望你出頭的爸爸，而你對他除了怨外，還有更多的愛恨情仇……。」

虛擬「台灣家庭重塑」

建國若有所思地沒作任何回應，劇場沉默了一會兒，導演請建國蹲在替身的位置：「建國！告訴爸爸，你為何無法像他一樣，跟頭上的壓力角力，而必須蜷曲在此，像條乞憐的狗！」

建國流著淚、搖著頭：「不！我不能跟你角力，我也不能棄你而去，因為你是我爸爸！」

「我怕你會為我而難過，也怕你對我失望，但是我更怕離開你，你就會更孤單，更沒人陪你！」建國像是情緒決堤般，愈說愈傷感。

「我想離開你，我想不在乎你，我試過了！我辦不到⋯⋯」

「我既沒有辦法符合你的期望，又無法像你一樣站起來抗爭，更沒辦法離開你，爸！我這幾年過的好苦⋯⋯好苦！」建國似乎有說不完的委屈，繼續對爸爸訴說著。

「爸！你錯了！我不是沒吃過苦，我吃的苦比你吃過的都苦，你是被無情的天公所傷，我是被所愛的親人所傷！」

「爸爸！你沒被所愛的人傷過，這種苦真苦啊⋯⋯」

「我吃過苦，我吃了好多苦，我是你的兒子，也都吃了好多苦，我跟你一樣沒被這苦擊倒⋯⋯」

建國哭累了，聲音愈來愈微弱⋯⋯

導演走到建國前面說：「又是颱風夜，走！我們一起帶爸爸去看山上的孩子，看有沒有地方避雨。」

建國擦乾了淚、站了起來，走到與天公角力的爸爸面前，對爸爸說：「爸！那麼多年了！你也累了！」

爸爸輕輕地嘆口氣問道：「又是颱風夜了嗎？」

「是的！爸爸，又是颱風夜了！」建國哽咽著。

「山上的孩子有地方避風雨嗎？」

「走！」建國把纏繞爸爸的束縛慢慢地解開。

「去哪？」爸爸望著兒子。

「去我去過的那山上看孩子們！颱風夜了……」建國牽起爸爸的手。

此時，劇場在兩人的背影中響起了輕美樂聲，漸漸地落幕。

永遠的母親

> 君不見，黃河之水天上來，奔流到海不復回。
> 君不見，高堂明鏡悲白髮，朝如青絲暮成雪。
> 人生得意須盡歡，莫使金樽空對月。
> 天生我材必有用，千金散盡還復來。
> ……
> ……
> 五花馬，千金裘，
> 呼兒將出換美酒，與爾同銷萬古愁。
>
> ——李白〈將進酒〉

瘦高的阿輝走到哪兒都蠻醒目的，在團體中相當地活躍，像是個甘草人物。今年才三十的他，做文字工作，翻譯過幾本書，偶爾在刊物上發表一些新詩，文采相當好，大學時代還得過全國性的大獎，是個校園才子。當兵的時候，女朋友每天寄一首宋詞，讓阿輝的衛兵時間過得快些。如今這位貼心的女孩和他住在一起快四年了，所有朋友都叫她「輝嫂」，可是兩人的終身大事擋了個阿輝的媽，所以那麼久還是得瞞著雙方老人家。只是女孩子家

人急了，拚命安排「相親」，兩人也為這些事成天的吵，吵到分、再吵到合！像是孽緣般，剪不斷、理還亂！

一、阿輝的「家族故事」

陳家是地方上世代的旺族。市區中心的黃金地段，曾經都是陳家的產業，甚至有些現在還在陳氏名下。嫡傳的子嗣不是做大生意，就是投入政治圈，像雪球般愈滾愈旺！可是在這「陳氏王朝」中也有少數的兒孫，應驗了「富不過三代」這句話，青郎就是一個例子。青郎是陳旺家的老五，雖說是大姨生的，但誰都知道旺嬤早就吃齋了！家務就是大姨在持，精明能幹，裡外打點的井然有序。青郎是她的么子，像個寶一樣被家人捧著。

旺伯是陳氏宗族中最耀眼的一位生意人（現代人稱為企業家），在光復前留過日，學的是「醫」，之後跑著「貿易」，在內地和日本四處發展，愈來愈有名氣。青郎小的時候最常坐在長廊上，隔著紙門，聽著留聲機中放著華格納的交響曲，難得回家的阿爸會用流利的日語，低沉地與穿和服的母親交談著，共譜出令青郎難以忘懷的畫面。

太平洋戰爭爆發的那一年，青郎才十一歲，阿爸卻在日本遇難，再也回不來了！幾個姨太吵著要分家，大姨苦撐了三年，得了「癆病」，折磨得不成人形終於也走了，家還是分了！

等不及成年的青郎，短短幾年成了孤兒，好在長他二十歲的大哥領著他長大。大嫂心地好，照顧得沒人說閒話，青郎也乖順地當個太平少爺，哪裡知道屬於他的那份財富卻愈來愈縮水。也許是個性吧！青郎從不過問錢財，十六、七歲的少年郎，每天和幾位氣味相投的同學忙著玩西洋畫，拜師學藝、開畫展、玩社

團；朋友們都稱他多才多藝，頗有才氣。然而，家族中都看他是個「卒仔」，大哥只要這個弟弟不找麻煩，樂的讓他風花雪月地過著年少日子，以免過問家產這種「大人的事」。

民國五十年（1961年）的台灣掀起了選美熱，在這街坊擠在一起看電視的年代裡，不少鄉親們一面盯著螢幕上參選的年輕小姐們婀娜地在台上走來走去，一面傳著誰家的女兒因為還父親的債也這樣拋頭露面。青郎在這個熱潮中，也出了一些風頭，頂著陳家子嗣的金字招牌，再加上也算是「風雅」人士，被主辦單位邀請籌辦了「地方選美大會」，把一個本來就流言四處的城中，炒的「熱滾滾」，也在這一年認識了落選美女──玉鳳。這位也是出生世家的千金，雖然不算家道中落，但自視甚高的父親，銀行副理當了十多年，縱使是多少人羨慕的「金飯碗」，卻怎樣都不覺得比同宗的親戚風光，多年來總在抱怨中過日子。玉鳳是他的「心肝」，聰明漂亮，從小為他爭了不少面子，但也被慣壞了，念了時髦的「女子商校」後，人就像「野馬」般地管不住，目不識丁的媽媽為她不知流乾了多少淚。如今，街坊都知道李家的「黑貓」要參加「選美」，大家也像看熱鬧似的一面搖旗吶喊「為地方爭光」，一面搖頭嘆氣「為家族蒙羞」！玉鳳的爸攔都攔不住，只好任由女兒「給她去」！但是，心中也暗自盤算女兒可以為他爭口氣，萬一遇上拍「映像」的，成了名也不錯！沒想到這隻「野馬」玩選美玩到一半竟認真地談起戀愛來，對方還是陳旺的子嗣，有頭有臉的「陳青郎」。雖然地方輿論對他風評不一，但玉鳳的爸爸心想的是門當戶對，自己的女兒有機會做陳家的媳婦，算是風光體面了。

玉鳳心儀青郎的風采與情趣，與他在一起永遠有好玩的。一

年後，兩家熱熱鬧鬧辦了個婚禮，不到二十歲的「黑貓」進了「侯門」般的陳家。婚後的日子，年長十歲的夫婿對妻子還算體貼，然而玉鳳已漸漸發現，其實青郎只是個被廢的「東宮太子」，虛有其表靠著兄嫂，自家的財產早就被二哥吃了不少。更讓玉鳳生氣的是：不爭氣的夫婿像是個憨人般，任其「宰割」，不敢有絲毫異議。為此不知跟他「番」了多少次，青郎總以「養育之恩」、「錢財是身外之物」的理由，安於守著一份乾薪和有名無實的「副總」頭銜，繼續當他的「太平少爺」，一天一天敷衍地過日子。

　　玉鳳對這位「無能」的「卒仔」丈夫失望透了，頂著千金小姐的脾氣，要為青郎和自己的前途出頭，和「大哥」正面衝突過不知多少次，讓整個陳氏家族都集體起來排斥這對「卒仔」與「妖女」的結合。「大哥」終於使了手段，「遣散」般的給了這麻煩的小弟一筆錢，從此分家，青郎徹底地成了「卒仔」。但樂天知命的他，倒沒什麼怨言，「青菜蘿蔔」地開起咖啡館。挺時髦的小生意，但是每天客人不多，朋友不少，勉強擺個門面。這個頭路在玉鳳眼中根本是塊不上進的料，好些親友紛紛來關心，更讓她丟盡了臉！自己又接二連三地生下沒用的女娃兒，玉鳳怎麼也沒想到自己會淪落到這種下場。

　　1970年代，正當台灣中小企業起飛，大家都想做點小貿易的時機。玉鳳向娘家親戚借了些錢，連自己嫁妝都當了，橫了心頂了個小鞋廠，做起外銷鞋的出口生意。仗著自己聰明漂亮，手段又圓融，訂單一批接一批，每天忙得焦頭爛額，不出幾年終於打出了一片江山，賺了不少錢，為自己爭了口氣。然而，不成材的丈夫，還是每天忙著搞攝影，不是躲在暗房，就是藏在山中！咖啡館成了攝影社，賺來的錢全部貼給攝影器材還不夠。玉鳳想

到這段姻緣就怨,如花似玉的年紀上了陳家的大當,被折磨這麼許多歲月,好在靠著自己一人把場面撐了,但是人也老了!阿輝是自己盼了八年(1970 年)才生的兒子,也算是給對不起她的陳家一個交待。然而,陳家欠她的債,也是要讓這男孩背著,所以從小就對他有較高的期望,起碼這孩子不能像他爸一樣當一輩子的「卒仔」。

　　阿輝小的時候還算爭氣,念書總是名列前茅,可是不知怎麼地與醫科就是無緣,考了兩年上了心理系,後來又把自己轉進了哲學。留著長髮、戴著耳環,還手挽個「老芋仔」的女兒回鄉。街坊指指點點的,把玉鳳氣個半死,連在台北的生活費都不給他。沒想到兒子像老子般的,索性賭氣連暑假都不回家,靠著打工家教把書給讀完了,卻也惹來親戚的閒言閒語。有的說她是「妖女」,連自己的兒子都欺;有人說他是「歹竹壞筍」、「卒仔」的後生,沒什麼出息!阿輝和阿母的關係非常惡劣,一直過著年少輕狂的日子,直到當兵後從姐姐那得知,長年操勞持家的阿母得了子宮頸癌,雖然發現的早、預後情況不錯,但是人逐漸消沉,已不復往昔般的活力。姐姐痛斥這弟弟的自私,跟爸爸一樣只顧自己歡喜,從不顧家人。而陳家這一家連個像樣的男人都沒有,都是要靠女人撐。

　　阿輝回家了,決定不和爸爸同款做浪子。可是在阿母的公司上班才幾個月,終究受不了這樣的日子,於是再次傷了阿母的心,回到台北,卻怎麼也揮不去阿母消瘦的臉頰,以失望的眼神如同鬼魅般望著他的夢境!阿輝沒勇氣回家,更沒勇氣聯絡她!連在電話中聽到她冷峻的聲音,都讓他喘不過氣。於是,時間像是刀子一般,讓母子兩人間的裂痕愈來愈深。在台北,他與妻子

曉文的日子已經習慣了，輕淡的像茶、溫馨的像茶、甘甜的也像茶。在這裡沒人知道陳氏家族，沒人看他是「卒仔」。然而，「神鵰俠侶」的夢，還是敵不過世俗的牽絆、時間的考驗、家庭的包袱，以及阿母失望的眼神……。

二、阿輝的「家族劇場」

第一幕

　　導演在舞台上布了三個景，讓時光倒流了四十年。一個角落是擠在一起指指點點看著電視機的家族親人；一個角落是由阿輝扮演的青郎風光地喚人做差事打點選美盛會；還有一個角落是才十八歲的玉鳳落落大方地接受記者攝影。這個年代發生了好多大事：「梁祝熱潮」、「影響中國現代化的胡適過世」、「甘乃迪總統遇刺」，還有對阿輝來說是「爸爸認識了媽媽」。在導演的安排下，場邊放的 1960 年代流行的歌曲《舊情綿綿》，青郎挽著玉鳳散步在河畔，儂儂細語。玉鳳道出了落選的委屈，青郎的好言安慰，並且再三保證，許玉鳳一個幸福的未來。導演這時問演青郎的阿輝說：「你對婚姻生活有怎樣的期望？你覺得怎樣的日子是你能給玉鳳的？」

　　阿輝沉思了一下，像是在用心體會青郎的想法，黯然地說：「抱歉！我沒有辦法體會爸爸，從小我就跟他太陌生了！」導演就請阿輝演媽媽玉鳳，接著在觀眾中邀請：「有沒有人聽了阿輝的故事，可以揣測青郎這個角色的？」團體沉寂了一陣，跳出來一位中年男人，「謝謝你，林桑！」導演安排他進入青郎的角色後問媽媽：「玉鳳！妳是位來自名門的女孩，又曾受過不少的掌

聲，對於未來的婚姻妳有什麼盼望嗎？」

「我希望有個疼我的先生，還要一個讓人瞧得起的家！不要像我平庸的爸爸一樣，走到哪好像都矮人一截！」

「青郎你呢？」導演問。

「我喜歡過輕鬆快樂的日子，錢只要夠用就好，我想嫁到陳家來沒人敢瞧不起吧！這點大可放心。」青郎狀似樂觀地回答。

第二幕

導演迅速接上了1950年代盛大的婚宴。

在傳統氣氛中，新娘披上那時最流行的白紗，引起不少來賓議論。接下來，場中放出了《結婚進行曲》，新郎、新娘緩緩地走在紅布毯上。導演詢問扮演新郎的阿輝：「走在這紅毯上有什麼感受！」

「有點飄飄然的，但是也有點茫茫然的；好像心中還沒真的準備好，但看到漂亮的新娘和眾人羨慕的眼神，不禁覺得自己從沒這樣的體面過！」導演又請阿輝離開爸爸的角色去演媽媽。

「玉鳳！快要成為陳家人了，妳心中在想些什麼？」阿輝似乎對扮演媽媽比較容易有體會：「很矛盾！不甘心就這樣結束我的青春，我還有很多的夢想，想要出人頭地、想要讓人看得起我。不知道陳家的人會不會看不起我們家，我也不知道嫁到陳家，是我人生成功的開始，還是夢想的結束！」

「他們都說青郎是太平少爺，這讓我有些不放心。但是，我又覺得他蠻體貼的，起碼會疼惜我。」導演邀請扮演媽媽的阿輝，對爸爸說說心裡的話：「青郎！今後你就是我的丈夫了，你可要有出息，為我和我家爭些面子！」

劇場響起《舊情綿綿》，導演讓阿輝離開了扮演的角色，請別人演青郎和玉鳳，配合著背景音樂慢慢地走在紅毯。

「阿輝！這是他們倆一生當中最重要的時刻，也是你生命的源頭，看到他們並肩走在紅毯，你在心中有什麼心情？」導演問阿輝。

「我從來不曾想過這畫面，從小我就覺得他們兩人像是陌生人般，媽媽忙著公司的生意，爸爸忙著過他的太平日子，見了面媽就開始數落，爸像是菩薩一樣，只是不吭氣地陪著傻笑！」

「那麼你現在看到他們也可能曾經擁有過這樣的日子，對你有什麼新的意義？」導演繼續問著阿輝。

「不知道！我只是覺得有些衝擊，不習慣。」阿輝思索了一陣，突然有點嘲諷地說道：「我覺得爸爸如果娶的是曉文就好了！」

「怎麼說？」

「曉文也是那種很重視興趣，可以三餐吃泡麵的人！雖然她很有才華，但她最怕成功，怕日子變得複雜，最好每天窩在家裡做自己喜歡的事！」

「阿輝！我發現你在講起曉文的時候是神采奕奕的！」導演帶著鼓勵的態度對阿輝說：「你要不要直接告訴爸爸，你愛上的是個怎樣的女孩？」阿輝有點靦腆地吞吐起來：「爸，那次我帶曉文回家，只有你的臉上有笑容！」

「我想你大概會支持我。」阿輝接著有些激動地從口中吐出了幾個字：「沒用的！一點都沒用的！」

導演立刻機警地回應：「告訴爸爸，什麼東西沒有用？」

阿輝的眼眶裡泛著淚：「從小我就覺得你沒有用！」

「媽媽說你都不會賺錢！別人說你是『卒仔』！」

「小的時候被媽媽打，你也不來幫我……。就算是你支持我，在這個家也是沒用的！」

導演等待著阿輝略微平靜，就邀請阿輝扮演爸爸，對他說：「爸爸！阿輝是你的兒子，你經常在自己的生活圈裡，使得他很少有機會接近你。此刻聽到他心中的聲音，你有什麼想法？」阿輝在爸爸的角色上，好像愈來愈自發了，面對導演的詢問，直接對演阿輝的成員說：「阿輝！許多事，爸爸看在眼裡，卻藏在心裡；曉文是個單純的女孩，她能不衝著你的錢和陳家的家世，苦等你那麼多年，實在不容易，不要辜負了人家！」「爸！可是媽怎麼辦？」扮演阿輝的成員也自發地問。

「媽媽就是這樣計較太多！你該多跟爸爸學，不要管她，做你自己想做的，不要在乎別人怎麼想！」

「可是就因為你都不在乎，才害得我們從小就要受到比別人更大的壓力。媽媽就怕我跟你一樣，你卻要我跟你一樣；像你一樣的不負責任、不管家人嗎？」父子倆在劇場上自發地對著話，導演與觀眾們屏著氣息，似乎在等待黎明的曙光。「阿輝，你對我有很多的不了解，爸爸對不起你們孩子！可是如果要按照你媽媽過生活的標準，我實在做不到，做不到成為她心目中理想的男人。」演爸爸的阿輝說到這裡沉默了許久，像是心中百感交集。

導演接著將兩個角色互換：讓演爸爸的阿輝去演阿輝自己，再請別的成員來演爸爸，再一次對著阿輝說：「爸爸對不起你們！可是我實在做不到你媽媽的要求，只好躲得遠遠的！」

導演對阿輝說：「阿輝！聽到爸爸這麼說，你心中有什麼感覺？」

「我覺得我跟爸爸一樣,做不到媽媽的要求,也只好躲得遠遠的。現在我又無法對曉文有交待,所以又想躲得遠遠的;我覺得我的人生都在躲、都在逃……!」

「你想對爸爸說些什麼嗎?」導演問。

「爸爸!我從小就怕像你,可是我卻愈來愈像你了!」

「不!孩子你還有些不像我,你愛的女人不像我愛的女人,她希望過的生活,不像你媽媽要的日子。還有我逃避這個家、逃避婚姻的期望,但我沒有逃避我對生活的看法,多少年來不管別人的言語,我沒有逃避我自己對人生的態度,只是你媽媽不接受、不了解、不認同!」聽到爸爸這番話,阿輝默然了許久才開口:「我真的可以跟爸爸一樣嗎?」

導演輕聲回應著:「阿輝,這樣的困惑藏在你心中已有一段時間了,不是嗎?」

阿輝點點頭,若有所思地說:「好久了!從我大學轉到哲學系,這聲音就在我心中。」導演牽著阿輝說:「走!讓我們問問媽媽去!」

第三幕

劇場迅速地換了場景,舞台上出現臥病在床的阿母,疲憊地沉睡著。

阿輝輕聲地走進,凝視了許久,有些哽咽地從喉嚨發出沙啞的聲音:「媽!我回來了!」阿母仍然沉睡著。導演鼓勵阿輝再大聲一些:「媽!我回來了!」說完這句,阿輝掩著面,卻掩不住心中的百感交集,哭出聲來。

「你回來做什麼!」阿母緩緩地張開眼,沒好氣地說。

「媽！我對不起妳，我實在沒有辦法符合妳的期望，去過妳希望我過的日子。」阿輝有點膽怯地說。

「免講了！反正你們陳家的男人都一樣。」

「媽，不要那麼說嘛！」

「那你要我怎樣說，說你好、說你能幹、說你躲在台北，跟你老爸一樣能幹！」阿輝面對媽媽的指責，毫無力氣地低頭不語。

導演問：「阿輝你怎麼了？」

「唉！」阿輝嘆了好大一口氣：「沒用的，她永遠也不會接受我的，她永遠也沒有辦法了解我想要的生活是什麼！」

導演問：「那你想要的生活到底是怎樣的日子？」

「我不是說過了嗎！粗茶淡飯沒什麼不好，我喜歡文字工作，我喜歡和曉文一起過日子。就這樣子！為什麼她不肯放過我？」

導演似乎靈感一現：「走！我們再去看看媽媽的婚禮，讓我們的劇場再回到四十年前好嗎？」

第四幕

觀眾們一陣手忙腳亂地，讓場上再度出現玉鳳與青郎的婚禮。

導演將阿輝帶到玉鳳面前，才十八歲的小姐馬上要出嫁了，默默地坐在閨中，等待她一生命運的改變。場中沉默了一會兒，好像都在感染著這待嫁的心情。

「阿輝！不可否認的，這女孩在她的年代是個勇敢的女人，敢表現她的美麗與才華，敢享受自由戀愛的滋味，敢嫁給自己選

擇的對象,而不管別人說她『妖女』也好!『黑貓』也行!她敢去追求她所要的,……阿輝!你也跟我一樣,看到她的勇氣了嗎?」

聽完導演這一段不算短的評論,阿輝的反應是沉默著……。

「來,阿輝!你來演這個敢追求自己幸福的女孩。」

當阿輝坐在玉鳳的位子上,進入這十八歲女孩的角色時,導演請阿輝的替身出場對他說:「你是阿輝,你剛從時光隧道過來,所以你知道這女孩的命運,告訴她嫁給青郎以後的日子會怎樣,勸勸她不要那麼傻,做陳家的媳婦不好當!」

扮演阿輝的替身很快就會過意來,走到由阿輝扮演的玉鳳前說:「媽!我是你婚後十多年才有的兒子、唯一的兒子,還是個過得不快樂、不敢追求自己幸福的兒子!」

「媽,妳知道嗎?嫁給青郎以後的日子真的不好受,陳家看不起妳、我,爸爸也無法滿足妳,還要靠妳撐起一個門面,讓陳家看得起我們……」

「辛苦了半輩子,身體也壞了,心裡也涼了!為的是什麼?為的是什麼?」阿輝努力地說服玉鳳。

「媽!不要嫁啦!不要嫁就不會有這些折磨,也不會有我的痛苦……」

「媽不要嫁啊……」阿輝說完,抓起玉鳳想讓她離開馬上要展開的婚禮,導演也順勢牽了許多布條拉著玉鳳,象徵四面八方的阻力,同時要拉布條的成員,發出陳氏家族的聲音:

「黑貓!」

「妖女!」

「這女人怎麼配得上陳家!」

「青郎就是愛玩，把這種女人娶進門！」

「她家敗掉，才來貪陳家財產的……」觀眾席發出此起彼落的聲音。

在這些拉扯中，有個更大的聲音，似乎有許多的憤怒與不捨：「媽！我們不要嫁啦！不要給他們糟蹋啦……」這是阿輝的呼喊。

導演問演玉鳳的阿輝：「玉鳳！妳了解妳的處境，陳家不好嫁，萬一妳也知道未來有一段辛苦的歲月，妳還是要嫁嗎？」

玉鳳低著頭，從嘴中堅定地吐出：「會的……我還是要嫁。」

「爲什麼妳這麼堅決，像飛蛾撲火？」導演狀似不解地問。

「我也不知道，或許這就是我的命……」

「我以爲妳是不向命運低頭，才嫁給青郎的？」

「是嗎？……我本來也這樣子認爲，但是誰又知道什麼是命呢！」玉鳳有些無奈地說完，沉默了許久：「或許我不肯低頭的是這環境，是這些人……，而我早就命裡註定，該要爲我的父親爭一口氣，早就命中有青郎來扯我的後腿，到後來命中得靠自己來爲阿爸爭氣，而不是靠青郎，不是靠陳家。」玉鳳繼續對阿輝說：「孩子！讓我去吧！這是我的命，沒人可攔的……」

說完就用力地拖著束在身上的千斤重擔，往前掙扎蹣跚地走到青郎跟前，對他說：「爲爸也好，爲你也好，爲命也好，我就是把自己許了你！」

此時，導演請替身離場，讓阿輝來演自己，看到媽媽和爸爸站在禮堂前。對阿輝說：「阿輝，再次看到自己生命的源頭……想說些什麼嗎？」

導演看到已經相當疲累的阿輝，眼中泛出淚光地回應：「他

們真的不簡單……相戀得不簡單，結婚也不簡單，在一起過日子更難……」

「是的！但他們都沒放棄，都很努力在追求自己的夢，或順應著自己的命！」導演邊說邊在夫妻倆身上披上金紗：「或許你與他們有同樣的顏色，為了自己的夢也好！愛也好！或是命也好！掙扎努力地不肯輕言放棄……。」

阿輝凝視著玉鳳和青郎，導演也將阿輝的替身放在他們中間，與他們分享著美麗的金紗：「來！阿輝，用你的心靈替這美麗的畫面照張相，讓它永留你心中……」導演輕聲地對阿輝說。同時，場中響起了《舊情綿綿》。

在台灣歷史中做「家庭重塑」

經常的，在我們兩位（王行和鄭玉英）的工作中，會遇到一些家族故事，與大時代的脈動緊緊相連，而無法分割。許多過去課本所讀的歷史事件，居然鮮活地出現在許多當事人的生命中，而更感嘆於一些歷史事件會那麼深的牽動影響一個家庭的發展。以下整理了一些記憶中的「台灣事」，常出現在「家庭重塑」的工作中。有許多的時候，我們相當懊惱對台灣現代歷史的知識太少，而再尋找資料，做一些反省與討論。也深感於，雖然同生於一個時代，卻因為所處的地理、社會、經濟條件不同，而有相當大的差異經驗。

一、土地改革

民國三十八年（1949年），國民政府實施三階段的土地改革：

三七五減租、公地放領、耕者有其田。在此之前，原屬農業社會的台灣，有三百多萬的農民，而其中有四成是佃農，自耕農只有三成。經過土地改革後，自耕農提升為八成半，也就是說，絕大多數的農民有了自己的農地。

雖然台灣的土地改革後來被認為是締造「台灣奇蹟」的重要經濟政策之一，但卻有一些地主在握有事業股份及土地債券後，有的經不起時空的考驗，有的不知如何處理時髦的股票證券，不但無法如大地主（辜家、連家等）般成功地轉型為「企業家族」，反倒因為諸多因素而「家道中落」，形成不少的「落難公子」，頂著大家族過氣的名聲，卻高不成、低不就地過日子。有的無法適應環境的變化，因此而抑鬱終身；也有的從此奮發，在其他專業上嶄露頭角。總之，這些「落難公子」的際遇，也影響到下一代，而成為「家庭重塑」的探索者，透過活動的安排，漸漸地體會上一代的心情。

而經過放領土地後的自耕農，多年後卻因為土改制度的僵化，以及自耕農的土地繼承問題，使農地不斷分割形成小農，又無法應付工商社會的變遷，人口大量外流，農村自然日趨凋敝，農民生活更加困難。在「家庭重塑」中，經常聽到台灣農家的辛苦，有的將所有的希望投資在一個孩子（通常是男孩）身上，讓他能接受高等教育，而其他孩子只能認命地望著天、守著田；或各憑本事希望闖出一片天，大都市就成了他們追夢的地方。不少的年輕男孩、女孩被工廠吸收，甚至更慘的被不良分子利用，成了都市的邊緣人。而這些追夢的孩子很容易就結婚生子，當了年輕的父母，教養下一代，開始他們人生的另一種挑戰。

二、養女文化

　　養女是上一代的「特產」，由於大環境的關係，當時的「文化邏輯」與現在不同。把親生女兒送到別人家去撫養長大的原因很多，或是因為貧窮，或是在那個不懂得避孕又以男性為中心的時代裡，若女兒生得多了，出嫁時又是一筆開銷、一份麻煩，不如早早給她找個歸宿，省下了養得美美的再嫁人時的心中不捨。至於為什麼要領養別人的女兒呢？各個家庭也有不同的動機，有的是生不出孩子，領一個來做伴或寄望領個孩子好能招來弟妹；也有的父母想要早早給自己的兒子找個理想媳婦，與其等到兒子長大才娶個別人養大的女孩做媳婦，還不如自小養在身邊，從頭調教，可以完全照自己心目中的樣子來塑造。當然也有人是要找個養女來使喚，增加一個勞動人口，不聽話時，打得罵得又不會心疼。

　　依據民國四十年（1951年）的官方統計，當時的養子女約有十七萬多個孩子，其中養女有十二萬多，大多數是被當做婢女或童工在使用。也有更嚴重的，是將她們賣入妓女戶，成了人口販賣的社會問題。在那個年代的社會事件中，養女往往以弱勢的處境被社會正義關懷，因此在民國四十年（1951年），由國民政府發動「保護養女運動」，並在台北市成立「台灣保護養女運動委員會」，從此每年接獲不少的養女申訴案件。但是，正式全面的法律保障，則是在民國六十二年（1973年）的《兒童福利法》通過到民國八十二年（1993年）的修訂後，才規定了「兒童人權的保障」是公領域的責任。

　　今日的台灣，養女文化幾乎已經絕跡，代之而起的是合法與

專業、嚴謹的收養與出養。但是，我們這一代的母親和祖母，卻仍有不少過去的送養經驗，深深影響著她們如何看待自己的性別和人生。在家庭重塑的過程中，於追溯到上一代時，這是常常出現的主題，成為「養女」的兒女，又怎麼去消化這一段家庭歷史呢？

三、老莫的第二個春天

民國三十八年（1949年）政府遷台，國民軍也重新歸隊。許多基層的職業軍人，來自大陸各地區，開始了終身的軍旅生活。他們大多數當初「從軍」的動機與機緣都不一樣，有人是自願，也有人是被強迫，但後來的處境卻差不多都淪為異鄉客，並且都抱著很快就能回去與家人團圓的打算。但是隨著時局的變化，這個打算變成心願，最後變成夢想。直到民國七十六年（1987年），兩岸開放探親，才圓了這四十年的夢，但「少小離家老大回」的感慨，卻讓他們再度心碎；而不改的鄉音在台灣四十年，卻有可能成為年輕一代的笑柄。

這些從大陸撤台的「職業軍人」，在台灣被稱為「老兵」或「老芋仔」。不管是否已經退伍多年，這個稱號變成他們終身的「烙印」，如同臂上「反共抗俄」的圖騰標記般，象徵著世代交替間的嘲諷與政治鬥爭的悲劇。這批族群四、五十年來，不管到那塊土地似乎都被「異化」和「邊緣化」，有人單身一輩子成為獨居老人，有人討了本地的老婆，而文化的差異卻使得彼此之間的適應面臨了許多困難。等孩子都長大了，卻還是無法與家人分享那「鄉愁」，又被戴上另一個帽子：「不認同這塊土地和這個家」！

虛擬「台灣家庭重塑」

在「家庭重塑」中，我們也經常透過他們的孩子，體驗到「老兵不死，只是凋零」的傷感。成為他們的家人，也承擔了另一種悲壯與淒涼的美感：

> 枯藤老樹昏鴉，
> 小橋流水人家，
> 古道西風瘦馬。
> 夕陽西下，斷腸人在天涯。
> ——馬致遠〈天淨沙〉

11 實務工作者的反思

消退的智慧：還是要從「脈絡」談起

人的行為如果不放入脈絡（context）中，是很難理解，甚至會產生誤解。就像是讀一篇文章不知上下文，就很容易斷章取義一樣。在我們的生活中，經常發生這種「不明就裡」式的人際交往：在電梯中遇到打招呼不回禮的張太太、滿身酒氣的李先生、拎著大包小包的王小姐，都可能引發「自以為是」的論斷：不友善、不正經、愛慕虛榮等。對鄰居如此，對我們所愛的人更是如此：他又遲到了、她又忘了、他就是愛亂發脾氣、她總是無理取鬧……。

如果我們不去理解「脈絡」，就很容易對自己不熟悉的狀態視為「異常」，甚至「變態」，例如：美國某些比較封閉保守的的鄉鎮，見到華裔移民的父母為其子女「刮痧去毒」的行為，認為是種「施虐」而通報政府加以干預；台灣漢族的老師，對於原住民的父母放任孩子縱情於山野，不督促孩子寫功課，認為是「不關心」。

所謂探討「脈絡」，就是「見樹要見林」。任何一個現象的發生，一定有其「環境」、有其「背景」、有其「淵源」、有其「歷史」。若將任何不合理的「行為」放入這「脈絡」時，就會如同「拼圖」般有了「恍然大悟」的理解，甚至深度同理。老師對於經常遲到的學生，如果沒有「放入脈絡」的動作，充其量也只是對學生多了些「斷章取義」的觀感；父母對於孩子的晚歸，如果沒有「把圖拼起來」的動機，最多也只是對孩子下了「自以為是」的理解！

一棵樹長什麼樣，結怎樣的果，都與這片林子息息相關。林子的整體早就把這棵樹，該怎麼個「樹」法「算計」在內了！然而，這「算法」還真複雜，無以計數的系數，配合著更大的整體生態的「算計」。

在古老文明觀念中，早就了解這道理，相信人只是滄海一粟，配合著「天道」運行，而有個人不同的命與業。《聖經》寫著：「生有時、死有時、栽種有時、收割也有時。」人要了解自己只是大自然運作的一部分，並且是不能也無法與之相違背的。然而，當我們的歷史走入不同的「知識意識」時代後，這種觀念就被視之為落伍，並被冠上「宿命」的帽子，代表了消極、被動、迷信、落後和不科學。對於一個急於想「人定勝天」的時代裡，「鐵達尼號」式的驕傲存於精英分子的心中。在歐洲，佛洛伊德與他的愛徒榮格分手；在亞洲，五四運動的「知識分子」與自己的傳統文化決裂。這些都宣示著：作為具有推動世界進化使命的「精英」，是不容許這種古老的「不科學」參雜在嚴謹的邏輯與實證中。

這種現代的「知識意識」，其影響深植「知識分子」心中，

於是在生活中到處可見「實證主義」的論調：「證明給我看有上帝，我就信！」「怎麼有人相信星座這種事！」「風水的說法太迷信了！」其實在古老的思維裡，常是一種「非邏輯」但很「脈絡」的訓練：把任何的現象放入自然的整體去理解，而相信「人」並非真正的獨立個體，只是萬物的一部分（或是上帝計畫的一部分）。這樣子的思維，很容易使人「謙卑」於整體，或「遜服」於環境文化。當然這些德性，在尼采（Friedrich Nietzshe, 1844-1900）之後，都被打入地下室；「五四」之後，都成了「奴化」特質。

心理治療專家的胡同

在歐洲的啟蒙運動之後，不但將人的思維帶進勒內·笛卡兒（René Descartes, 1596-1650）的實證主義所謂的「科學」，也想要建立起以「人」為中心的「知識意識」，而告別「神權、君權」，因此開始了「專家權」的輝煌時代。無數的專家以其優秀的科學訓練背景，以及過人的聰明才智，在這廣大的「專家國度」裡宣告著「真理一般的道路」，指示我們該做什麼，才能得到幸福、健康與快樂。每天打開電視頻道，都可以見到不同的專家出現，評論著各種議題、強調著各樣真知。多年以來，對專家這種角色我們早就習以為常。雖然一般人不完全理解他們的語言，但反倒因而帶出了一種超越性，而使他們的威權更為提高。

一百多年以來，「專家」們用科學的方法，除了企圖揭開大自然的面紗之外，更嘗試以其所認知到的角度理解「人性」。因此，佛洛伊德將人性看成「本能迫力」與「社會約束力」兩大勢

力間的衝突矛盾，以及尋找平衡的可憐蟲；馬克思（Karl Marx, 1818-1883）將人性視為不斷在生產與剝削間鬥爭下的經濟動物；行為主義理解的人性，只是受到環境制約下的習慣性行為之組合；到了「人本主義」發言的時代，又把「人性」高舉起來，相信人有無限潛能，並且是趨善的；現在更有「專家」相信「基因」與「生化」對「人性」具有絕對性的影響，因此個人的從善或墮落基本上是「道德基因」的作祟。

由於「專家」對人性探求的慾望，擴展到改變人的生活之企圖，因此造就了許多「應用性質」的專家，將一些專家的知識建構在人的生活中，以便使人能夠活的更合理與更合宜，更幸福也更理想，所以現代社會有婚姻專家、家庭專家等。另外還有以人道立場為出發的助人專業領域，來解決我們的身心困擾，幫助我們活的更理想（更正確的說法是：符合專家以為的理想）。

跨文化與多元文化

在助人專業領域，尤其是與人文現象有關的心理諮商治療、社會工作處遇，對「跨文化」的認識與討論是相當重要的。跨文化議題關心的是，來自不同文化背景的個體，要相互了解與信任才能合作。其間遇到的種種困難與障礙，例如：語言的溝通、非語言的溝通、符號的詮釋與意義、價值信念等的差異，都是需要加以克服的。大多數心理治療的教科書，都會強調對文化差異需要抱持著尊重與敏感的態度，一方面需要具有臨床的洞察力，一方面又要有足夠的自我察覺力，來平衡治療的評估和文化傳統間的差距。因此，跨文化的諮商治療工作是極具挑戰性的。

實務工作者的反思

薩提爾的著作與工作，在其生前早就進入跨文化的境界，而其所傳揚的「薩提爾信念」似乎不再只是以高加索文化為主流、西方白種族群均能了解與接受的，不同的地域文化也在被「洗禮」。對喜歡薩提爾的人來說，這實在是件值得驕傲的事，因為這代表了「薩提爾模式」是國際化的品牌。

其實，我們相當驚訝薩提爾本人是如何能夠有如此豐富的文化知識，來了解各種不同的文化。但是更值得注意的是，薩提爾的工作中所持有的跨文化觀：人性有所謂的「本質面」，而且是不分文化與族群的。

我們無意批判薩提爾個人的治療信念，但是在「跨文化」的思維中，經常是以了解不同文化背景做出發，然後再假想有一個能跨越不同文化，叫作「本質」的東西，將活在不同情境的大家串起來。如同孔老夫子所言：「雖蠻貊之邦行矣。」因此，只要認識了這「本質」，就可以「放諸四海皆準」了。

但若以「多元文化」的角度來思考助人專業領域中一些理論模式的「跨文化」現象，恐怕又有更多的議題值得省思，尤其是一個以優勢文化背景的人文產品，要「跨」到另一個相對弱勢的文化裡，處理其間的人文問題，所產生的「後殖民」現象。在所謂「尊重不同文化」的論述中，通常主流的優勢文化，會把非主流的文化當做探討或了解的客體，以尋求「異與同」的軌跡，卻較少把自己當做了解的對象，反思非主流的弱勢文化中，「異化」的後設價值中之「意識型態」，而進行改變和調整。國內社會工作學者馬宗潔在對台灣原住民文化研究後*，有對在主流文化中

---

* 引自馬宗潔（2001）。非原住民研究原住民：「原住民兒童福利需求之調查」研究過程的反思。東海社會科學學報，21，45-56。

的工作者之反思，作為關心「多元文化」議題的提醒與參考。她認為在以原住民為研究對象時，大家都知道要離開「大漢沙文主義」，才能真正的關注原住民文化，但這其實是一件相當不容易的事情。因為當一位工作者自身的世界觀與主流社會愈一致時，要去了解其他文化就愈困難，有太多「理所當然」擋住了他的視野與觀點。因此，她認為撕開傳統中理所當然的意識型態，才能有開始認識原住民文化的機會。

當薩提爾的信念與工作被「模式化」後，在不同文化中重複地被不同的治療師使用於不同的情境與族群時，「薩提爾模式」的國際化就有了引發爭議之處。「薩提爾信念」藉著本國與外國的家庭教育對台灣「家庭文化原貌」的誤解與破壞，似乎也值得我們探討與注意。

類似這種爭議已發生在「漢族文化」對「平埔族」、「高山族」文化的破壞；美國與中東世界的誤解與紛爭；傳統精神醫學對特殊人口的病理化；也不斷發生在中產階級與弱勢族群間、專家文化與民俗次文化間。傅科（Michel Foucault, 1926-1984）認為，權力可以創造主體性，而權力與控制的關係又是無所不在，因此個體的主體性是被不同的權力創造，而失去了自我詮釋權，除非個體擁有權力。從「權控」的觀點和已發生的文明現象，我們有理由對「薩提爾模式」的「跨文化」與「國際化」有所批判，甚至憂心。

當然，「後殖民」論調的死胡同，就是會激起狹隘的「族群主義」、「地域主義」和「民粹主義」，而變成反殖民的意識型態之論戰。而「後殖民」論調的出路，我們認為是在批判反思種種文化殖民的現象後，解構原本的「權控」關係，抓回自我主體

的詮釋權；重視由本土文化所產生的知識來詮釋本土人文現象，甚至外來的知識。

普同性與多元性

主流文化，尤其是優勢的主流文化，經常在探討現象理解問題的過程中，尋找到跨越文化的「普同性」。找到「普同性」的價值、「普同性」的標準、「普同性」的典範，就可將複雜的多元文化化約成最簡單位，以方便理解，甚至方便干預。

薩提爾的「普同性」假設，例如：人是自由的、人是自主的、所有人的問題都與自我價值感有關等。這些都是西方世界從希臘時代就有的觀點，而預設了無分文化族群情境都有這種普同性，而再以這種普同性所切割的標準，來理解不同文化所發生的家庭與個人的苦楚與困擾。如此一來，就「邊緣化」了其他理解與看待問題的角度，例如：台灣傳統文化理解夫妻之間的折磨爲「相欠債」，而懷抱「償」的意念，來度過苦楚。若以「薩提爾模式」的「普同」眼光，很容易認爲這是「低自我價值感」的個體，懷抱著「低自我價值」的信念，而認爲自己理當受此折磨，不願意自我改變。當然，這種說法比宿命的觀點更容易被現代知識體系所接受，但卻無法被具有草根特質的「苦主」所理解。於是，「家庭重塑」的工作到底是要帶著專家的「知識權」來開導這些苦主，以我們認爲的「普同性」（自我價值感）來看待別人的問題，還是尊重他人的文化原貌，以苦主的知識體系來理解他的問題，再以他的知識體系「重塑」他的問題。

有些文化可能根本就沒有「自我價值」的問題，因爲他們本

來就沒有「自我」這個概念。就如同電影《上帝也瘋狂》(*The Gods Must Be Crazy*)中的原住民,因為沒有「罪」的概念,所以也無法討論「認罪」這個問題。但是,電影中的原住民雖沒有「罪」的概念,卻在道德勇氣與毅力上比起主流文化毫不遜色,甚至更為堅持,因此才引發一連串「上帝也瘋狂」的故事。

我們認為,台灣的本土文化中看待人與生命,與外來西方個人主義為主流思考的心理治療領域,有許多不同的地方,例如:

比較草根的	比較外來的
人是屬於環境的	人有獨立自主的需求
人的自由是有限的	人要追求自由
人很難為自己負責	人能為自己的生命負責
但人可為別人負責	但人不該為別人的生命負責
但是苦是必然的	生命是受到祝福的
苦是因果的	苦是主觀的
苦是不能表達的	有苦就要表達出來
但是苦不是病	許多苦都是一種心病
苦也不是問題	苦是問題所以該解決
苦更不是偏差	快樂才是正常
苦是一種難以理解的業	苦是一種可理解的病理
苦是一種補贖之道	健康快樂才是生活之道
苦也是一種修煉的法門	改變才是一種成長的路徑

社會科學界有愈來愈多的聲音,在反省與檢討國內的「知識移植」之適切性和危機性,其中牽涉到的不只是狹隘的地域認同,更是一種難以預知的災難。舉例來說:國內政治經濟學者吳若予教授在〈為什麼不本土化?普同性社會科學觀的檢討〉一文

中，就認為西方知識是隨著美國強大的政經力量進入台灣，經過國內知識分子的複製，沒有顧及到這些西方知識涉及到「使用對象的身心狀態問題」，因為使用者的背景不同，也就存在著「預設值」上的衝突與矛盾。

台灣的家庭重塑要擺脫殖民知識的色彩，就需要再了解薩提爾模式中的普同原則，不把這些普同當作信仰，而將其視之為多元文化的一端。原本那些不經批判獨大的思維模式，可以轉化為符合我們生活中身心狀態的知識基礎。

以下是「薩提爾模式」的「普同原則」的一些舉例：

1. 改變是有可能的，即使外在的改變有限，內在的改變仍有可能。
2. 我們有許多選擇，特別是面對壓力作出的「適當反應」，而不是對現況作出「即時反應」。
3. 治療的主要目標是為自己作出選擇。
4. 問題的本身不是問題，如何面對問題去因應才是問題。
5. 「一致性」與「自我價值感」是薩提爾模式主要的治療目標。

傳統心理治療專業背後的知識哲學，經常是建立在類似薩提爾模式這種以中產階層與精英分子的「普同性」假設中，然而這些假設也是需要辯證，而不能照單全收，以下舉例說明。

一、人是自由的

可是，人受到環境、文化、家庭、個性、身體條件、基因遺傳、內分泌、睪固酮的限制，可以自由自在的空間實在不多！

二、人是可以選擇的

可是,選擇是需要選項,以及對選項的充分認知,才能算是選擇。人既無法算計出自己有哪些選項,又無法對選項有充分完整的理解,與其說是選擇,不如說是碰運氣!

三、人要為自己負責

可是,人既然只能在極為有限的自由空間中,對極為有限的選項做極大的想像;而極大的想像中,又受到環境、文化、身心條件的限制,人還要為不是選擇而來的「運氣」負責任嗎?

四、人是理性的

可是,很多時候其實我們也是受情感支配後,再合理化自己的行為。

五、人要活出自己

可是,「我已經在活了,難道不算是自己在活嗎?」人不是自己,人是萬物系統中的一部分。人創造了「自己」,來膨脹人的意義價值,彷彿是泡沫般虛幻,無視於整體的意義與價值。到底「自己」(self)是文化的建構,還是專家的建構?

如果我們的假設是人不自由,人很難選擇,人不甘願負責,人常情感化,人只是萬物和老天爺計畫的一部分,而沒有「自己」,那麼我們的工作該怎樣幫助人?馴服?認命?還是要努力改變我們在文化中所體認到的,而去學習相信另一個優勢文化

（中產階級、專家、以美國為主的西方世界）所認為的，即使其與我們的生命經驗不一定共鳴。

🍃 治療觀與審美觀

　　現代的「人性專家」不只是想要了解人，更想要改變人，就如同「大自然專家」一樣，不只是要認識「大自然」，還想要「征服大自然」。「心理學」的後產品——「心理治療」、「心理諮商」就是這種以「改變」為目標的專業。自前佛洛伊德（pre-Freud）始，就有這種「治療靈魂」（psyco-therapy）的野心。經過百年來的努力，即使已經把這種「治療靈魂」的野心，縮小成「心理治療」（psycotherapy），其成果卻仍不太樂觀。正如美國心理治療學家摩根・斯科特（Morgan Scott Peck, 1936-2005）所言：「對於心靈是如何康復的，我們其實所知甚少！」資深的心理治療工作者都會漸漸地接受：「我們沒有辦法改變人性，也很難以改變人格！」而視這種無耐為「專業限制」。

　　派克認為，心理的康復是一種「奇蹟式的恩典」，而這種恩典只要用心體會，幾乎無所不在。當然這位有基督信仰背景的精神科醫生的說法，絕非治療界的主流。就如同榮格相信「同步」（Synchronicity）現象的存在，認為「同步」是一種靈性的奧秘這種說法，主流的治療界雖無法否定，但也從不積極地回應。《聖經》上說「萬事互相效力」這句古老的智慧之語，就是用「脈絡」式的思維理解「康復」。《道德經》裡提到的「我無為而民自化」的改變觀，則又是一例「順應天道」的忠告。

　　心理治療非但無法改變人性與人格，甚至對他們所認為的病

灶——童年創傷經驗,也無法改變。因為透過治療,根本無法把過去已經發生的不愉快童年經驗抹去,而只是嘗試幫助「當事人」探索與覺察,然後透過情緒的「淨化」後,鼓勵「當事人」重新做決定,以改變過去在傷痛中習得的心理模式,而非改變創傷的經驗。這其中最大的假設是:人可以按自己的理性,去決定自己的心理狀態。然而,我們遇到的許多「當事人」,都有聖保祿的感慨:「立志從善由得我,行為向善卻由不得我!」現在的治療師,恐怕會把這種「依靠天主」的洞見,視為「抗拒改變」的呻吟,而判斷聖保祿心中還有不少的灰塵(像是未完成的經驗、未處理的情結等)需要察覺,該來接受更多現代心理學的治療才能改變;若還不能改變,那就是聖保祿自己對「改變」的抗拒了。

雖然薩提爾模式的家庭重塑在心理治療的領域中,並不一定強調其治療性,而比較願意以成長的角度來定位。但是不可否認的,從薩提爾的「自我價值感」觀點到「冰山理論」,其看待問題的眼光仍然有其對心理病理和環境病理的知識架構。以此西方普同思維的病理架構,若是再將其視為典範,那麼顯然地對於其他的弱勢文化會有相當不利的誤解,例如:強調整體忠誠的鄉土文化,就會被診斷為「不分化」的家庭;喜愛輕鬆與歡樂氣氛的原住民文化,就可能被分類為「打岔型」的壓力反應模式。我們不知道,全世界不同文化的家庭和個體如果都被「薩提爾化」了後,變得更分化、更一致,是否身心都會更健康,但是比較確信的是,有人就不喜歡吃麥當勞的薯條,而比較喜歡吃冬天街頭的烤地瓜。

其實,有許多地方文化的現象,從某個角度來看還真的很

美,而這種美的品味又是非常地方性而不國際普同的,例如:台灣作家蕭麗紅在《千江有水千江月》一書中描述的「閹豬」笛聲,我相信不少曾過過鄉村日子、四十歲以上的台灣人,看了書中的描述,心魂都會顫抖。

而蔣捷的一首〈虞美人〉所表達的「悟」,又豈是另一文化信仰的人所能體會的意境:

少年聽雨歌樓上,紅燭昏羅帳。
壯年聽雨客舟中,江闊雲低,斷雁叫西風。
而今聽雨僧廬下,鬢已星星也。
悲歡離合總無情,一任階前,點滴到天明。

再如同我們聽美國的民歌手 Simon 與 Garfunkel 唱的「沉默之聲」(*The Sound of Silence*),除了欣賞它優美的二重合聲外,還非得要體驗到 1960 年代美國社會的動盪,才能進一步感受這首動聽歌曲背後年輕人針砭時敝的痛苦與徬徨。

其實,如果在家庭重塑的工作中,工作者能把薩提爾式的普同原則不當作個體與家庭健康和病理的評比架構,而多增加一些審美的眼光來看待種種人性的掙扎與糾葛,還給當事人文化的主體詮釋權;不企圖使當事人更分化、更一致、更自主,而使當事人更覺得他的家與文化歷史有值得欣賞的美感;不把家庭重塑當作治療和改變的工具,讓家庭重塑只是一個舞台劇場,將一齣齣動人的故事表現給觀眾。於是,家庭重塑就能更藝術、更多元、更適合不同的個體與族群了。治療性或成長性的工作講究改變,審美性的工作在意的是主觀的美感、互為主體式的共鳴,或是多

元角度的賞析。至於成長不成長、改變不改變似乎是一種隨緣，也是一種釋然。以審美為主要目標的家庭重塑，放鬆了改變的工作意圖，使當事人、工作者、角色扮演者和觀眾，都能更不計較效果的體會，而欣賞家庭的文化歷史和家人的心情故事。

> 為學日益，為道日損。
> 損之又損，以至於無為。
> 無為而無不為矣。
> 取天下常以無事；及其有事，不足以取天下。
>
> ——《道德經》

結語　從薩依德對心理治療的反思

🍁 心理專家的毛病：斷章取義症候群

　　美國後現代學者愛德華・薩依德（Edward Said, 1935-2003）在對現代知識分子的批判中，認為每位知識分子的職責，就是宣揚代表某些特定看法、觀念、意識型態，並希望它們能在社會發揮作用。若是如此，知識分子對事情所抱持的看法，似乎比事情更為重要。

　　別以為對自己最親的人，我們就愈了解，事情正好相反，常常因我們的「自以為是」，而更容易對對方「斷章取義」。也無怪乎家人不像朋友「近」，婚姻不如工作「親」。林家夫婦婚齡已經三十幾年了，林太太經常的口頭禪就是：「老林他眉毛一動，我就知道他心裡有什麼鬼！」林先生坐在一旁陪著笑、點著頭，這是他在家中一貫的作風：「陪笑點頭」，可不同於在外邊的「呼風喚雨」。重要的不是他心中有什麼「鬼」，而是在這位「大言不慚」的太座面前，還真給足了她面子，至於兩人有多「親」、有多「近」，那還真不知拿誰心中的尺作準。

不要以為「學問好」，就可以免疫於這種「斷章取義」的病症，事實上，學問愈大愈容易「自以為是」。尤其是「專家」這類族群是最容易罹患「斷章取義」症候群，因為有時太「專」了，常認為一粒沙就是一整個世界。物理學家認為世界就是物理，心理學家認為世界就是心理，經濟學家認為世界就是經濟。孰不知物理也好、心理也好、經濟也罷，都是宇宙神妙的一部分，也只是在大千世界中「上下文」間的「一段文」。偏偏我們的文明是由專家建構的，社會因此每天都有不同的「專家」，「自以為是」地將「斷章取義」得來的「見解」販賣給我們。於是，我們也「一知半解」的，今天多吃些「維生素 E」，明天多買一點「電子股」，使我們的生活變成了「碎形知識」的「奴役」，如同「神權」時代般過著被擺布的日子。

其實，我們生活為了「斷章取義、自以為是」所付出的代價已經很高了，從親子的衝突、婚姻的糾紛、政治的鬥爭、族群的對立、宗教的爭戰等等。發生這些令人惋惜的不幸，總有錯綜複雜的諸多因緣與萬般無奈。但是抽絲剝繭，總是會發現「斷章取義」的酵母和「自以為是」的蛀蟲，把關係給壞了、把信任給毀了、把眼給矇了、把耳給塞了、把心給硬了、把事給擰了、把世界也給攪亂了。

心理治療的中古價值

薩依德認為，不管知識分子是如何假裝他們所代表的是屬於更崇高的事物，或更終極的價值，都脫開不了世俗活動的利益，以及符合此利益的普遍倫理。至於這些活動在哪兒發生？為了何

人的利益、是否符合一致普遍的倫理呢？仍然有待反思。

美國社會工作學者大衛・浩威（David Howe, 1946- ）整理了前現代、現代、後現代的社會工作意識型態之轉變，認為現代社會工作仍然無法忘情於追求「真」、「善」、「美」的「中古時代價值」，因此非常強調「關懷」、「科學」與「控制」。然而，真、善、美的標準是多元的，並非能以單一的優勢文化、中產階級，或專家經驗能夠定義化、標準化的。因此，單一價值的專業意識，是違反對多元文化的尊重精神。類似這種多元性的觀點，因為牽涉到助人工作的基本哲學（本質觀與非本質觀）之論戰，也影響了助人工作看待「問題」的眼光、處理「問題」的方法。

其實，心理治療工作本就脫離不了「權控」的色彩，只是以「人本」與「人道」起家的心理輔導專家們不太習慣用這種眼光來看待自己的專業。心理治療工作的「權控」是中產階級意識與社經弱勢間的、是知識領域與草根民俗的，也是專家與庶民間的；若從後殖民觀點來看，甚至是外來強勢文化價值與本土弱勢文化價值間的。當然，心理治療專業工作者鐵定站在「知識」、「專家」與「外來強勢文化」這邊，而擁有了助人工作的「合法性、優越性、正義性」：

優越性：我們的知識優於你們的常識。

正義性：我們的知識告訴我們，你們是需要改變的。

合法性：我們有足夠的地位來協助你改善你的生活。

在權力與控制的觀點下，心理治療事實上也有可能會形成複雜的「權控」關係，而使我們的案主在心理學知識之詮釋下，失去他的主體性。

> 天下萬物生於有，
> 有生於無。
>
> ——《道德經》

　　後現代的治療喜歡用「社會建構」的觀念來看待心理困擾與心理治療，其中敘事治療法就是典型的代表。既然「事實」是被建構出來的，那麼「事實」就不只有一個「事實」，而是「多元事實」。後現代的系統理論稱其為多元宇宙（multiverse），而相對於一個宇宙（universe）。既然「事實」是多元的，因此在策略上「選擇」怎樣的「真實」對我們的工作最有利、最能幫助我們完成工作目標，對我們來說就是最適合的「真實」，也才能使案主立足於社區和家庭中；而「家庭重塑」的工作是要「選擇」最適合的事實，來達成我們的工作目標。因此，如果當事人覺得應該以心理病理的角度來了解自己的困擾，似乎我們不應認為這是錯的。同樣的，若當事人在劇場中體驗到自己家族歷史中雖然有許多的苦楚，但苦得很美，讓自己與他人感動，則這種美感的體驗似乎也是另一種價值，可以超越「健康與疾病」、「痛苦與幸福」、「改變與不改變」的價值。

　　後現代的治療認為，每一個症狀都有一個故事，治療則是另一個故事，人生本來就只是一些故事。我們面對「當事人」，不是要判斷哪個「事實」是「真」的，而是重新改變一個建構，來形成另一個「事實」。

　　對台灣來說，「家庭重塑」可以是「薩提爾模式」般，以改變「當事人」的事實，成為一個「需要改變的事實」、「需要成

長的事實」之治療性工作;也可以是以「多元文化」和「審美」的觀點,來捕捉「另一個建構」。而在這個建構中,當事人無需改變,不一定要成長,只需要了解生活的困擾和生命的無常,心中的感慨也是一個「美的事實」。且看一生起伏的蘇東坡,如何在顛沛中「重塑」了他的「美的事實」:

> 莫聽穿林打葉聲,
> 何妨吟嘯且徐行。
> 竹杖芒鞋輕勝馬,
> 誰怕?一簑煙雨任平生。
> 料峭春風吹酒醒,
> 微冷!山頭斜照卻相迎。
> 回首向來蕭瑟處,
> 歸去!也無風雨也無晴。
>
> ——蘇軾〈定風波〉

第四版結語

　　王行是個心理學家、心理治療專家、社會工作者,也是一位哲人、一個哲學家。果然,當他結束了二十年助人領域的「學與行」和「行與思」之後,在他展開博士研究的時候,他的主題轉向宋明理學。

　　我們的王老師已經去世,進入永生多年。追思他的背影,他留給我們的遺產是豐富的、友誼是厚實的,他留給我們反思的議題是深刻的。

跋

王行，我把你的書做了 2025 年的擴充版。

誰知三十年後又有怎樣的下一波？

大江東去，浪淘盡，多少風雲人物，

專業江湖上又將有多少人才輩出？

舞台上又將有多少幕起幕落？

我們走過的日子有人追念，也終將被遺忘。

玉英寫於 2025 年 6 月 10 日

NOTE

NOTE

NOTE

國家圖書館出版品預行編目（CIP）資料

家族歷史與心理治療：從家庭重塑到內在家庭系統（IFS）：內外兼修的心理成長／王行、鄭玉英作. --四版.-- 新北市：心理出版社股份有限公司, 2025.09
　面；　公分. --（心理治療系列；22185）
ISBN 978-626-7787-03-8（平裝）

1.CST: 心理治療　2.CST: 家族治療

178.8　　　　　　　　　　　　　　114011951

心理治療系列 22185

家族歷史與心理治療（第四版）：
從家庭重塑到內在家庭系統（IFS）─內外兼修的心理成長

作　　者：王行、鄭玉英
總 編 輯：林敬堯
發 行 人：洪有義
出 版 者：心理出版社股份有限公司
地　　址：231026 新北市新店區光明街 288 號 7 樓
電　　話：(02) 29150566
傳　　真：(02) 29152928
郵撥帳號：19293172　心理出版社股份有限公司
網　　址：https://www.psy.com.tw
電子信箱：psychoco@ms15.hinet.net
排　版 者：昕皇企業有限公司
印　刷 者：昕皇企業有限公司
初版一刷：1994 年 3 月
二版一刷：1996 年 1 月
三版一刷：2002 年 4 月
四版一刷：2025 年 9 月
Ｉ Ｓ Ｂ Ｎ：978-626-7787-03-8
定　　價：新台幣 300 元

■有著作權‧侵害必究■